KB102686

남자의 고독사

나가오 가즈히로 지음 | 신학희 옮김

연암서가

지은이 **나가오 가즈히로**長尾和宏

의학박사, 의료법인 유우와회(裕和會) 이사장, 나가오 클리닉 원장, 일반사
단법인 일본 존엄사협회 부이사장·간사이 지부장, 일본 만성기 의료협회
이사, 일본 호스피스 재택 케어연구회 이사, 전국 재택요양 지원진료소 연락
회 이사, 일반사단법인 엔드 오브 라이프·케어협회 이사, 일반사단법인 항
인지증 약 적량 처방을 실현하는 모임 대표이사, 간사이국제대학 객원교수.
2012년 베스트셀러 『평온사 조건 10가지』를 비롯해 최근 저서로는 『아픈
재택의사』, 『고통스럽지 않게 죽는 방법』, 『약을 끊을 때』, 『항암제를 끊을
10번의 기회』, 『부모의 늙음을 받아들인다』, 『병의 90%는 걷기만 해도 낫
는다!』, 『걷는 방법으로 인생이 바뀐다』 등 다수가 있다.

옮긴이 **신학희**

일본 효고현 세이와대학, 서강대학교 신학대학원, 도쿄 조치대학교 대학원
에서 유아교육학, 철학, 신학을 공부했다. 대학 졸업 후 가톨릭수도회 예수회
에서 10여 년간 수도 생활을 했으며, 유아교육, 공공철학, 공공성, 시민성, 자
치, 심리학 관련 문헌들을 번역했다.

남자의 고독사

2019년 6월 25일 초판 1쇄 인쇄
2019년 6월 30일 초판 1쇄 발행

지은이　나가오 가즈히로
옮긴이　신학희
펴낸이　권오상
펴낸곳　연암서가

등록　2007년 10월 8일 (제396-2007-00107호)
주소　경기도 고양시 일산서구 호수로 896, 402-1101
전화　031-907-3010
팩스　031-912-3012
이메일　yeonamseoga@naver.com
ISBN　979-11-6087-048-0　03330

값 1,5000원

여자는 실체지만 남자는 현상이다.

― 다다 도미오(多田富雄)

인간은 누구나 죽습니다. 누구나 다 아는 사실입니다. 하지만 어떻게 죽어야 하는지 아는 사람은 별로 없는 것 같고, 어떻게 죽는 것이 삶을 아름답게 마무리하는 좋은 죽음인지에 대해서는 더더구나 아는 사람도 실천하는 사람도 별로 없는 것 같습니다. 우리는 죽을 수밖에 없는 운명을 타고났음에도 불구하고 죽음에 대해서만큼은 대체로 속수무책 방관적인 태도로 일관해오고 있습니다. 죽음은 한 사람의 생애를 총정리하는 마지막 장입니다. 어떻게 죽음을 맞이했는가, 어떻게 생애를 깔끔하게 정리하고 세상을 떠났는가에 따라 인생의 마지막 장은 아름답고 품위 있게 장식될 수도 있고 그렇지 않을 수도 있습니다.

죽음을 스스로 처리할 수 있는 사람은 아무도 없습니다. 죽음은 인간의 모든 능력을 박탈합니다. 죽은 뒤에는 아무것도 스스로 할 수 없습니다. 아무리 깔끔한 사람이라 해도 자기 시신을 처리할 수는 없으므로 누군가의 도움이 필요합니다. 일생에 한 번은 필연적으로 만나야 할 죽음의 순간, 어떻게 맞이하고 어떻게 보내야 할까요. 이 책은 '고독사'를 중심으로 죽음의 이야기를 전개하고 있습니다. 누구나 사랑하는 가족과 지인들에게 둘러싸여 한 사람 한 사람 인사를 나누고 그들의 애도와 배웅 속에서 조용히 세상을 하직하고 떠나고 싶겠지만 이런 죽음을 맞이하기란 쉽지 않습니다. 현대사회의 특성상 아무도 모르게 혼자 외롭게 죽음을 맞이할 수밖에 없는 추세이기 때문입니다. 나가오 가즈히로는 이런 외로운 죽음을 '고독사'라고 명명합니다. 산업화 사회에서 이제 고독사 현상은 피할 수 없게 되었습니다. 고독사는 무연고자나 1인 가구에만 해당하는 것은 아닙니다. 누가 고독사의 대상이 될지는 아무도 모릅니다. 이런 죽음이 예기치 않은 순간에 나에게도 일어날 수 있습니다. 인생이 고독사로 끝난다면 얼마나 허무하고 허망합니까.

그런데 고독사는 죽는 순간뿐만 아니라 죽은 뒤에 더 많은 문제를 남깁니다. 평범한 죽음은 절차에 따라 상례를 치르면 되지만 고독사의 경우는 사인을 밝혀야 하므로 경찰의 개입이 필수

적이고 경우에 따라 시신 해부가 필요하기도 합니다. 이런 처리 과정에서는 불미스러운 일들이 발생하기도 하고, 가족이나 지인, 이웃에게 씻을 수 없는 정신적 충격을 남기기도 합니다. 사랑하는 사람들에게 이처럼 상처를 남기고 떠나고 싶은 사람은 없을 겁니다.

또한 고독사로 인한 사회적 비용과 불안감 조장 문제도 심각합니다. 따라서 고독사에 대한 대안을 시급히 마련하지 않으면 안 된다고 생각합니다. 나가오 가즈히로는 '죽음은 누구도 피할 수 없지만, 고독사는 피할 수 있다'고 주장합니다. 이 책에서 그는 의사로서 보고 듣고 느낀 것들을 정리해서 고독사를 피할 수 있는 방법을 다양하게 제시하고 있습니다. 그는 하나의 대안으로 '치매가 걸려서도 돌아다닐 수 있는 마을', '고독사를 만들지 않는 마을' 만들기를 제안합니다. 이런 대안은 탄탄한 복지정책과 사회 안전망이 잘 구축되고 동시에 개인으로부터 주민자치회에 이르기까지 적극적인 협업이 이루어지지 않으면 실효성을 거두기 어려울 것이라고 생각합니다.

나가오 가즈히로에 따르면, 남자는 나이가 들면 여자와 달리 생각의 유연성이 줄어들고, 사회적응 속도가 더 느려져 소외되기 쉽고, 고립되기 쉬운 존재입니다. 그러므로 고독사를 막기 위해서는 다음과 같은 것들을 염두에 두는 것이 좋습니다. 즉 특별한 용무가 없어도 연락을 주고받을 수 있는 사람들이 몇 있어야 하고, 많이 움직이고, 새로운 것을 배우며, 사람들과 만나는 기회를 많이 만드는 것입니다. 우리 사회도 고령화 시대로 접어들고 있는 가운데 일부 지역에서는 이미 10여 년 전부터 고독사 방지를 위한 대책 마련에 힘쓰고 있습니다. 이 책이 고독사 방지와 아름답고 품위 있는 죽음 준비에 도움이 되었으면 하는 마음입니다.

남자의 고독사는 생각보다 가까이 있다

직업 관계상 다양한 직종의 사람들과 만날 기회가 있습니다만, 같은 연령대라도 각양각색의 사람이 있다는 생각이 듭니다. 그런데 여성들에게서는 뭔가 비슷한 이미지가 있는 것 같은데 남성들은 정말이지 천차만별입니다.

75세에 60세로 보이는 사람도 있고, 60세에 75세로 보이는 사람도 있습니다.

75세에도 현역으로 일하는 사람도 있고, 조기 퇴직으로 일찍 은퇴한 것은 좋지만 보람 없이 매일 심심하게 지내는 사람도 있고, 혹은 잦은 폭음과 폭식으로 몸이 엉망진창이 된 사람, 기타 등등…….

비즈니스 세계에서 어떻게 살아가야 할까, 어떻게 해야 최고가 될 수 있는지 등의 자기계발서는 산만큼이나 많고, 열심히 읽고 공부하며 노력하는 남성도 많습니다. 하지만 그 이후의 인생은? 대답은 실로 다양합니다. 샐러리맨이나 자영업자나 관계없이 65세 이후의 삶은 정말 천차만별입니다.

반면에 여성은 인생의 후반전으로 갈수록 씩씩해지는 경향이 있습니다. 폐경기에 접어들면서 좋은 의미에서 남자 같아지고(웃음), 인생의 마지막을 의식하며 진지하게 준비하는 사람도 많습니다. 남편에게 의지하지 않고 미래를 똑바로 보려 합니다. 후에 고령자가 되면 이른바 '종활(終活)'도 적극적으로 준비합니다.

종활이라는 말은 일반적으로 5년쯤 전부터 사용하게 되었습니다. 2012년 신조어·유행어 대상에 추천된 적도 있습니다. 지금은 완전히 정착해서 '종활 붐'이라고 말할 수 있게 되었습니다. 그러나 종활 세미나에 가거나 TV나 잡지 등에서 정보를 얻거나, 실제로 종활을 하는 것은 주로 여성인 것 같습니다. 간혹 아내에게 억지로 끌려 나온 마음 약한 남편도 있습니다(강의가 끝나면 백화점에 쇼핑하러 가는 사람도 많을 것입니다. 종활, 종활 입버릇처럼 말하더니 왜 이제 와서 가방이나 코트를 원하지?…… 이렇게 말하고 싶은 것을 꿀꺽 삼키면 남자의 일요일은 끝나는 것입니다).

그래서인지 인생의 마지막 장을 테마로 한 책도 여성을 겨냥한 것이 많은 것 같습니다.

그렇기 때문에 이 책은 남성에게 바치는 내용을 중심으로 구성되어 있습니다.

· **남성은 여성보다 7년 단명합니다!**
· **더구나 고독사의 70퍼센트는 남성입니다!**

젊은 여자가 권태기에 들어선 남자 친구에게 이런 말을 자주 한다고 합니다.

"저기 알고 있어요? 토끼는 외로우면 죽는대요. 나도 토끼랑 똑같아요."

그런데 어느 시점부터는 남성이 토끼화 되어 가는 것 같습니다. 그렇다고 나이깨나 먹은 아저씨가 그런 말을 부인이나 연인에게 꺼낼 수는 없습니다.

"뭐라고? 그러니 이런 토끼 굴 같은 곳에서나 살 수밖에 없지?"라며 열 배로 되돌아올 수도 있습니다. ……부부든 독신이든, 이런 애수 속에 사는 남자가 고독사를 피할 수 있는 삶에 대해 말씀드리고 싶습니다.

아무리 많은 사람 속에 있거나 가족에게 둘러싸여 살더라도 죽을 때는 혼자입니다.

혼자 죽는다는 것은 나쁜 것도 외로운 것도 아닌 당연한 일입니다.

하지만 혼자 죽는 것에 쓸쓸한 이미지가 붙게 된 것은, '사후 며칠 동안 발견되지 않은 결과 경찰 검시 단계로 들어가 해부당하는……' 등과 같은 보도의 영향이겠지요. 결국, 혼자 죽는 것 자체가 외로운 것이 아니라, 사후 며칠 동안 발견되지 않은 채 방치되어 버린 일이 외로운 것입니다.

이에 관하여 이 책 끝에, 효고 의과대학에서 법의해부의(法醫解剖醫)이신 니시오 하지메 선생님과의 대담을 게재함으로써 좀 더 언급했습니다. 이 부분은 얌체 독서라도 해서라도 반드시 읽어주십시오. 저는 재택 의사로서 '죽기 전'의 관점에서, 니시오 선생님은 법의해부의로서 '죽은 후'의 관점에서 남자의 고독사를 논했습니다.

이 책에서 특별히 전하고 싶은 것은 다음 세 가지입니다.

· 고독사의 실태를 알았으면 합니다.
· 인생의 마지막에 쓸데없는 경찰 개입을 막았으면 합니다.

· 한 사람이라도 최후까지 안심하고 살 수 있도록 보호제도를 만들었으면 합니다.

'종활'이란, 유언장을 쓰거나 죽음을 준비하는 자신의 희망을 적은 엔딩 노트를 만든다든가 하는 이런 특별한 것이 아니라, 살아가는 방법 그 자체가 아닐까 생각합니다. 몇 시에 기상해서 무엇을 했고, 누구와 만날 것인가 하는, 하루하루의 생활이 누적되는 것이 종활입니다. 즉 인생의 마지막 모퉁이를 돌았을 때, 어떻게 살까 하는 것입니다.

남자의 고독사는 의외로 가까이에 있습니다. 이것을 의식하면서 **60세부터 75세까지 살아가는 방법을 함께 생각해 봅시다.** 그리고 남편이나 아버지 혹은 형제가 고독사를 당하지 않기를 바라는 여성들이야말로 이 책을 꼭 읽어 주시면 감사하겠습니다. 저도 내일 고독사 할지 모르지만……

차례

제 1 장

'고독사'의

현실

일본 후생노동성이 발표한 '2016년 인구 동태 통계(확정 숫자)'의 전체 사망자 중에서 자택에서 사망한 '재택사'의 비율은 13.0퍼센트로 전년보다 0.3퍼센트 늘어난 것으로 나타났다.

전쟁 이후부터 '재택사'가 계속 감소하는 추세였지만, 최근 재택 의료제 보급 등으로 브레이크가 걸려 13년 만에 2003년 수준으로 돌아온 것이다. 전체 사망자 수는 130만 7,748명으로 전후 처음으로 130만 명을 돌파했다.

병원이나 진료소에서 사망한 사람의 비율은 전년도 대비 0.8퍼센트 감소한 75.8퍼센트이며 양로원(노인 홈) 등에서 사망한 사람은 0.6퍼센트 증가한 90.2퍼센트였다.

재택사는 1950년경에 약 80퍼센트를 차지했으나 이후 지속적으로 감소되었고 70년대 중반에는 병원이나 진료소에서 사망하는 비율이 우위를 차지하게 되었다. 2006년에는 23.2퍼센트, 이후 12퍼센트대로 변화되는 현상을 볼 수 있다. 양로원에서의 사망 비율도 해마다 늘고 있다.

도도부현(都道府県)별로 재택사 비율을 분류해 보면 도쿄가 17퍼센트로 최고이고, 오이타현(大分県)이 7.9퍼센트로 최저이다. 재택사에는 '고독사'도 포함되어 있고, 수도권 등에서 고독사의 수치가 높을 가능성이 있다.

병원·진료소에서의 사망은 홋카이도(北海道)가 84.0퍼센트로 가장 높았고, 돗토리현(鳥取県)이 70.6퍼센트로 최하위였다.

−마이니치신문 2017년 9월 17일 조간

남자의 고독사 위험은 50대부터 시작된다!

동창회에 나가면 같은 또래의 옛 친구가 모여 있을 것으로 기대하지만 옛날과 별로 변하지 않는 사람도 있고, 완전히 늙은 사람도 있어서 깜짝 놀라기도 합니다. 대체로 여성이 실제 나이보다 조금 젊어 보이는 경향이 있고 남자가 좀 더 빨리 노화되는 것 같습니다.

저의 연령대인 50대 중반만 되어도, 여성은 아직 '아줌마'인데 남자는 이미 '할아버지' 시기에 접어들었다는 느낌이 듭니다.

그런데 '고독사'라는 말을 들으면 80대, 90대의 이미지가 떠오를지도 모르겠지만 그렇지는 않습니다. 50대에도 할아버지처럼 보이는 사람이 있는 것처럼 고독사의 위험은 50대부터 시작됩니다.

다음 그래프를 보실까요. 이것은 도쿄도 감찰의무원(監察醫務院)이 발표한 도쿄 23개 구 안에서 성별·나이별 고독사 수치를 나타낸 것입니다.

여성의 그래프는 완만하게 올라가지만, 남성의 그래프는 40대, 50대에서 가파르게 올라가고 있습니다. 40대, 50대도 고독사하는 사람이 제법 많다는 것을 보여주고 있습니다. **지금 집에서 사망하는 전국 평균 비율은 13퍼센트입니다.**

환자가 사망하면 의사는 '사망 진단서'를 작성합니다. 사망 진단서는 '누가, 언제, 어디서, 어떤 이유로 사망했는가'를 쓰는 것으로 '사망' 사실을 증명하는 서류입니다.

이 사망 진단서에는 사망한 장소를 다음과 같이 선택하게 되어 있습니다. '1 병원, 2 진료소, 3 간병노인보건시설, 4 조산소, 5 양로원, 6 집, 7 기타'입니다. '6 집'으로 표시된 것이 재택사이며, 그 비율은 약 13퍼센트입니다. 즉, 100명이 사망하면 그 중 13명은 집에서 죽는 것입니다.

재택사라고 하면 가족에 둘러싸여 재택 의사에게 간호를 받으며 평온하게 죽는 이미지가 떠오를지도 모르겠지만, 모든 재택사가 그런 평온한 최후는 아닙니다.

특히 도쿄나 오사카 등 대도시의 재택사 절반은 경찰이 개입하고

도쿄도의 성별·나이별 고독사 수치(2016년)

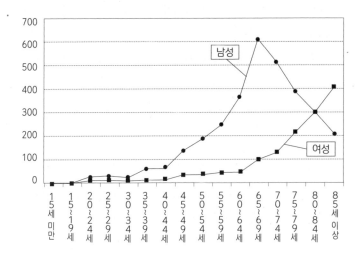

있습니다. 그렇다고 해서 범죄 관련 사망이 그렇게 많은 것은 아닙니다.

경찰이 다루는 시체 중 '범죄 시체(범죄에 의한 사망이 명확한)'는 0.3퍼센트라고 합니다. 그리고 '범죄 혐의가 있는 시체'가 12퍼센트, 그 외의 나머지는 '범죄 혐의는 없지만, 경찰을 부른 경우'입니다.

즉, 재택사의 절반은 경찰이 개입하기는 하나, 그 대부분은 범죄와 관련이 없는 죽음입니다. 자택에서 혼자 쓸쓸히 죽어 있고, 발견되었을 때 이미 사후 며칠이 지난 것 같은 경우, 경찰을 부르는 등 그런 고독사가 많이 포함되어 있습니다.

고독사에 대한 전국 통계는 없는데, 그것은 명확한 정의가 없기 때문입니다. 다만, 특정 지역의 일부 조직이 부분적인 통계를 발표하고 있을 뿐입니다.

예를 들어, 도쿄도 감찰의무원은 도쿄 23개 구에서 발생한 '부자연사(사망 원인 불명의 병사나 사고사 등)'에 대하여 시체 검안이나 해부를 하고 있는 단체입니다. 여기에서는 '부자연사 중에서 자택에서 숨진 혼자 사는 사람의 죽음'을 고독사로 보며, 매년 23개 구의 통계를 발표하고 있습니다. 2016년에는 4,604명이 도쿄도 23개 구에서 고독사 했습니다. 그중에서 약 70퍼센트에 해당하는 3,175명이 65세 이상이었습니다.

또한 **도시재생기구(UR)는 '사후 1주일 이상 지나서 발견된 혼자 사는 사람의 죽음'을 고독사로 보고**, 도시재생기구가 관리하는 약 75만 호의 임대주택에서 발생한 고독사 건수를 발표하고 있습니다. 이에 따르면, 2014년도에는 사후 1주일 이상 지나서 발견된 고독사가 186건이 있었습니다. 덧붙여서 도시재생기구는 '1주일 이상'이라는 정의는 없고, **혼자 사는 사람이 집에서 누구의 간호도 받지 못한 채 사망한 경우를 모두 고독사**로 보는 통계가 있습니다. 이 통계에 따르면 1999년부터 2009년까지 10년간 고독사의 수는 3배로 증가했습니다.

또한, 닛세이 기초연구소는 **고독사를 '연간 3만 명'**으로 추정하고 있습니다. 3만 명이라면, 얼마 전까지 일본의 **자살자 수가**

연간 3만 명이라고 보도된 바 있습니다. 최근 수년 동안 3만 명을 밑돌고 있기는 하지만(후생노동성에 따르면 2016년 21,764명), 아직도 일본의 자살자가 다른 선진국에 비해 많다는 사실은 변하지 않았습니다.

그리고 자살자의 약 70퍼센트는 남성입니다. 사실 자살자보다 고독사가 해마다 더 많이 증가하는 추세입니다. 그러나 저는 자살과 고독사는 겹치는 부분이 많을 것이라고 생각합니다.

고독사로 다루어지는 것 가운데는 종종 '소극적 자살(완만한 자살)'의 경우도 있을 것이라고 생각합니다. 목을 매거나 다량의 수면제를 먹지 않아도, 살아갈 기력을 잃고 제대로 먹지도 않고, 외부와의 연락을 끊은 채, 병이 들어도 치료해 보려는 시도조차 하지 않고, 집에서 병약한 자신을 방치해 두고, 술에 취해 주변과 소통을 끊어 버리는…… 등등의 태도입니다. 경찰이 이런 죽음을 자살이라고 특정하지는 않지만, 자살에 가까운 고독사라고 봅니다. 자기 방임(Self-neglect)이라는 말도 최근에 사용되고 있습니다. 다시 말해서 소극적인 자살행위라고 할 수 있을 것 같습니다.

몇 가지 통계를 소개하긴 했지만, 전국 통계가 없어서 뚜렷한 수치는 아닙니다. 하지만 적게 잡아도 전국에서 사망한 사람 중 5퍼센트는 고독사일 것 같습니다. 생각보다 많다고 생각하지 않습니까? 결코, 남의 일이 아닙니다. 이런 일이 나에게 일어나더라도 그 다음에 본인은 깨닫지 못합니다.

5퍼센트란 **20명 중 1명이 고독사**하고 있다는 것입니다. 저 역시 고독사할 수도 있고 당신 또한 고독사할지도 모릅니다.

집에 타인이 들어오는 것이 마음 내키지 않는 남자들

"나가오 선생님, 당신은 재택 의사 활동을 하고 있으니 고독사 현장을 매일 자주 보고 있습니까?" 최근 이런 식의 질문을 자주 받습니다.

그러나 이런 질문을 하는 사람은 재택 의료에 대한 이미지가 없는 사람입니다. 생각해 보십시오. 의사나 방문 간호사, 간호 지원 전문 요원, 도우미 등, 재택 의료를 이용하면 매일 다양한 직종의 사람들이 집에 출입하게 됩니다. 바꿔 말하면 고독사를 방지하기 위해서 우리가 존재한다고 말씀드릴 수 있습니다.

그런데 '집에 타인을 들여놓는 것'을 싫어하는 사람도 많습니다. 자신의 영역에 타인이 들어오는 것 자체에 스트레스를 받는 사람입니다. 집이 어질어져 있고, 오랫동안 청소도 하지 않았으며, 심지어 의사에게든 간호사에게든 자신의 깔끔하지 못한 부분을 절대 보이고 싶지 않은 사람 등등 이유는 제각각입니다. 그런 사람들은 **원래 재택 의료를 의뢰하지 않습니다.** 그래서 고독사의 위험이 더 커지는 것이고 대부분이 남성입니다. 그런 남자의 마음을 개인적으로는 모르지 않습니다.

그런데 재택 의사도 간호사도 더러운 집에는 익숙합니다. 술 냄새가 진동하는 방, 다다미에서 썩은 바나나를 밟거나, 강아지 털이 군데군데 쌓여 있거나, 간혹 딱딱해진 고양이 똥을 밟는 예도 있지만, 이런 것에 대해서는 이미 아무도 신경쓰지 않습니다. 쓰레기 집이든, 어떤 집이건 어디든 간다! 이렇게 생각하고 있습니다. 더러운 집을 타인에게 보여 주기 부끄러워서 **재택 의료를 신청하지 않는다면** 저는 내심 '참으로 안타깝다'고 생각합니다.

보통 방을 정리하는 기력은 살려는 기력과 일치합니다. **몇 년 동안 쓰레기투성이인 방에서 살고 있다는 것 그 자체가 자기 방임입니다.** 의사는 방 자체보다 그 사람의 마음이 걱정됩니다. 달리 말하면 매우 정돈된 깨끗한 방에서 고독사하는 사람을 제가 본 적이 없다는 것입니다.

재택의사인 제가 고독사와 우연히 만나는 것은 환자에게서가 아닙니다. 진료소 근처에서 고독사한 사람이 있을 경우, 경찰이 "잠시 진찰해 주십시오" 하고 불러서 **'시체 검안서'를** 쓸 때입니다. 의사(주치의)로서 경과를 지켜보던 환자가 사망했을 때에는 **'사망 진단서'**를 쓰지만, 담당 환자가 아닌 사람이 사망한 경우에는 사망 진단서를 쓸 수 없으므로 '시체 검안서'를 쓰게 됩니다.

화장실이나 욕실에서 고독사하는 사례

이른 아침에 "혼자 사는 90세 할아버지가 자택 아파트 화장실에서 사망했습니다. 와주실 수 있습니까?"라고 경찰에서 연락을 받았습니다.

할아버지 집은 딸의 집에서 차로 1시간 정도 떨어진 곳에 있어, 딸이 일주일에 한 번 정도 들여다보고 있었다고 하며, 화장실에 앉아서 돌아가신 것을 발견한 것도 그 딸이었습니다. 할아버지 역시 다른 사람을 집에 들이는 것이 싫었던 것입니다. 의료도 방문 간호도 일체 신세를 지지 않고 있었기 때문에 주치의는 없었습니다. 놀란 딸이 구급차를 부르고, 구급대가 경찰에 연락하고, 경찰이 개입하게 된 것입니다. 왜 경찰이 저에게 연락했는가 하면, 할아버지가 1년 전에 저의 진료소에 외래로 왔는지, 제가 처방한 감기약 봉투가 책상 위에 있었기 때문입니다. 감기로 한 번 왔던 외래 환자이므로 저는 기억하지 못했습니다.

그 집에 도착하자 경찰에서 "사건 관련은 없는 것 같습니다. 시체 검안서를 써 주세요"라고 해서 "사망 추정 시간은 3일 전입니다"라고 하고 시체 검안서를 작성했습니다. 테이블 위를 보니 쌀과자 봉투와 편의점 주먹밥, 소주병 등이 놓여 있었으므로 최후까지 알아서 식사하고 이동도 할 수 있었던 것 같습니다.

즉, 홀로 살면서 보통 생활을 할 수 있었던 그 할아버지는 화장실에 들어갔다가 죽고, 사망 사후 3일이 지난 후에야 발견된 것입니다. 이른바 고독사였습니다. 그러나 사건과는 관련이 없다고 판단해서, 1년 전 진찰한 저에게 '시체 검안서'를 쓰게 한 후, 할아버지는 해부되지 않고 그대로 딸의 손에 넘겨져 화장터로 보내졌습니다.

고령자가 화장실이나 목욕탕에서 절명하는 일은 많습니다. 특히 겨울철에 난방이 완비된 방에서 추운 탈의실이나 화장실에 갈 때는, 혈관이 수축하고 갑작스럽게 혈압이 오르는 열충격으로 심근경색이나 뇌출혈, 지주막하출혈을 일으켜 그대로 절명하는 경우가 허다합니다. 특히 고령자는 뜨거운 목욕탕에 들어가 목까지 잠기는 것을 매우 좋아하는데 갑자기 들어가면 온도차로 심장이 놀랍니다. 가능하면 물은 미지근하게 해두는 것이 좋습니다.

그러나 저는 화장실이나 욕실에서 죽는 것을 비참하다고는 조금도 생각하지 않습니다. 최후까지 자력으로 화장실이나 욕실에 갔다는 것은 자랑스러운 일입니다. 고통스러웠겠지만 그 시간은 얼마 되지 않았을 테니까요.

고독사하면 그 다음은 어떻게 되나요?

지금까지 몇 번이나 '고독사'라는 말을 사용했습니다. '**남자의 고독사를 방지하려면 어떻게 해야 좋을까**'를 전하기 위해서 이 책을 쓰고 있지만, '원래 고독사가 무엇인가?'라고 묻는다면 앞에서도 언급했듯이 정의된 바는 없습니다.

사전에서 찾아보면 다음과 같이 쓰여 있습니다.

'**누구에게도 알려지지 않고 혼자 죽는 것. 독거자가 질병 등으로 도움을 청하지 못하고 급사하고, 그 뒤에 발견되는 경우 등을 말한다.**'

정의가 일단 애매합니다.

그러나 저는 **날짜나 시간이 아니라 '경찰의 개입 여부'**라고 생각합니다.

당연히 죽음과 경찰은 관계가 없습니다. 사건과 관련이 없는 한, 어떤 사람의 죽음에 경찰이 개입할 필요는 없습니다. 하지만 죽고 나서 며칠 지나면, 평상시의 모습을 아는 사람이 없어서 사인을 모르면 '혹시 사건일지도 모른다'는 가능성을 부정할 수 없으므로 경찰에 신고하는 것입니다.

본인은 괜찮습니다. 죽었으니까요. 그러나 가족에게는 부모의 죽음이 경찰과 관련된 사건으로 구설수에 오르면…… 트라우마를 겪는 일도 종종 있습니다.

제 친구의 아버지가 얼마 전에 욕실에서 돌아가셨습니다. 단골 술집에서 고주망태가 될 때까지 즐겁게 마신 뒤 집에 돌아와 그 상태에서 목욕을 하다 절명한 것입니다. 추운 밤이었습니다. 전화를 받지 않아 걱정하던 친구가 그 다음날 발견하고 경찰에 신고했습니다.

"저기, 경찰이 관련되어 난처하게 됐어! 술에 취해서 좋아하는 목욕을 하다 죽었으니 아버지 본인이야 만족스러우실 것이라 생각했는데, 아무리 생각해도, 사건과는 관련이 없겠지? 그런데 경찰이 와서 정말 놀랄 정도로 시시콜콜 묻는 거야. 아버지의 저축 통장은 물론, 발견자인 나의 휴대전화 기록까지 전부 확인하더라고. 그러더니 내 애인과 카톡으로 나눈 내용을 찾아내서는 어떤 관계냐는 거야? 별의별 질문을 다 받아야 했어. 왜

아버지가 죽었는지, 그 아가씨와의 관계가 있는 거냐는 등? 정말 화가 나서, 말은 했지만 말이야, 이게 규정이기 때문이라는 거야. 융통성이 조금도 없어, 경찰은! 그런 거까지 아내에게 알려지면 어쩌나 하고 정말 진땀 뺐어……."

그 친구는 지쳐 있었고, 부친의 죽음에 슬픔조차 제대로 표현할 여유가 없는 상태였습니다.

"경찰도 참 어렵겠어…… 다른 할 일이 더 많을 텐데."

경찰 신세를 지는 것이 나쁘다고는 여기지 않지만, 신세를 지지 않아도 된다면 그쪽이 더 낫지 않을까 생각합니다.

'**다사사회**(多死社會)'라는 말을 자주 듣게 됩니다. 사망자 수가 증가하고 있습니다. 현재 1년 동안 사망자 수는 130만 명 정도이지만, 2040년에는 30만 명이 증가한 160~170만 명에 이를 것으로 추산하고 있습니다. 한편, 출생자 수는 매년 감소하고 있습니다. (다음 그림 참조).

죽은 사람이 발견되고, 병사로 즉시 판단할 수 없는 경우 경찰에 의해 '검시'라는 범죄성 관련 조사가 이루어집니다. 그리고 경찰에서 필요하다고 판단하면 법의해부(法醫解剖)가 진행됩니다. 이 사건에 관해서는 이 책의 뒷부분에서 의사인 니시오 하지메 선생님과의 대담을 참고해 주십시오. 사인불명의 고독사가 늘어나는 것은 검시의 수도 증가한다는 것입니다. 사망률이 이대로 증가하면 경찰도, 경찰의(警察醫)나 감찰의(監察醫)도 손을 댈 수 없게 되지 않을까요. 이미 일에 과부하가 걸려 있을지도 모르겠습니다.

니시오 하지메 선생님에 의하면, 지금 **경찰이 다루는 시체 중 사법해부**(司法解剖)**가 시행되는 것은 겨우 10퍼센트** 정도이고, 이 해부율은 다른 선진국에 비해 매우 낮다고 합니다. 예를 들어, 스웨덴에서는 90퍼센트가 해부된다고 합니다.

부연하자면 일본의 해부율은 지역에 따라 격차가 큽니다. **가나가와현**(神奈川県)**에서는 30퍼센트를 초과하는 반면, 히로시마현**(広島県)**과 기후현**(岐阜県)**은 3퍼센트를 밑돌고 있습니다. 10배 이상의 차이가 납니다.**

이런 현상으로 인해 사건과 관련성이 있을 법한 시체를 놓칠 가능성도 있습니다. 그런데도 검시 대상이 되는 시신이 더 증가한다면……, 어떻게 될지 짐작이 되고도 남습니다. 이런 면에서 불필요한 경찰의 개입을 최대한 줄이는 것이 좋겠다고 생각합니다.

설날이 되면 떡 때문에 목이 메어 숨지는 사람이 종종 있습니다. 할아버지가 떡을 먹다가 질식 상태라는 연락을 받고 달려가는 것은 저의 설 연례행사이기도 합니다. 후생노동성 통계를 봐도 '뜻밖의 질식사'로 인한 사망자 수는 매년 1월이 가장 많습니다.

출생 숫자 및 사망자의 장래 추계

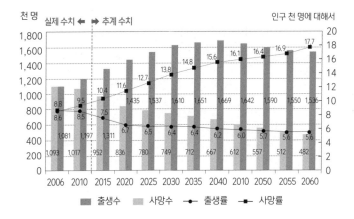

자료: 2006년, 2010년 후생노동성 「인구 동태 통계」에 의한 출생자 수 및 사망자 수(모두 일본인). 2015년 이후는 국립 사회보장·인구문제 연구소 「일본의 장래 추계 인구(2012년 1월 추계)」의 출생 중간 정도와 사망 중간 정도의 가정에 의한 추정 결과(일본 거주 외국인 포함).

할아버지가 **재택 의료 혜택을 받고 있다면 재택 의사가 진찰하여 변사자가 아님을 확인하여 사망 진단서를 쓸 수 있습니다.** 그런데 담당 의사가 없는 경우 사망 진단서를 쓸 사람이 없으므로, 정월 초부터 경찰이 들어와 조사가 시작됩니다. 범인은 떡이지만 경찰은 다른 범인이 있는지 수사를 해야 합니다. 가족들이 떡 따위는 평생 두 번 다시 보고 싶지 않다고 생각하는 예도 종종 있습니다.

각각의 조사를 마치면 이번에는 현장 검증으로 한밤중이건 고령자이건 관계없이 몇 시간 동안 활동에 규제를 받습니다. 어디서 산 떡인가? 어떤 칼로 잘랐나? 국의 재료는 무엇이었는가? 간병이 필요한 상태인데 왜 떡을 먹였는가? 등 다양한 질문을 받는 예도 있습니다. **재택 의료를 받고 있었는지 아닌지로 임종을 맞이하는 방법이 크게 바뀝니다.**

재택 의료가 고독사를 막는다!

불과 30년 전만 해도, 의사가 환자의 집을 방문하는 진찰은 '왕진' 밖에 없었습니다. "응급 환자가 있으니 와주십시오" 하면 급히 환자 집으로 가는 것이 왕진입니다. 그런데 1990년 전후부터 '재택 의료'라는 말이 나왔습니다. **현재 재택 의료의 기본형은 '방문 진료 + 왕진'입니다.**

먼저 계획을 세워 정기적으로 방문하여 진찰하고 약을 처방하는 상담이 방문 진료입니다. 얼마나 자주 방문하는가는 병세에 따라 다르지만 1~2주에 1회 정도 방문합니다. 그렇다면 무엇을 위해서 2주에 1회 정기적으로 방문해야 할까요? 의사의 돈벌이를 위해서……는 물론 아닙니다. 여기에는 두 가지 의미가 있습니다.

먼저 한 가지는 처방전을 써서 약을 처방하기 위해서입니다.

의사법 20조에 따르면, 진찰하지 않고 치료를 하거나 진단서나 처방전을 내주지 말라는 규정이 있습니다. 그러므로 약을 처방하기 위해서는 반드시 의사의 진찰이 필요합니다.

저는 1개월 분량을 처방하는 경우가 많다만, 재택 환자가 열이 나거나, 배가 아프거나 변비가 심해지거나 하는 등 여러 가지 몸 상태에 변화가 있다면 그때마다 가정방문을 하지 않으면 처방전을 발행할 수 없습니다.

방문 진료가 필요한 또 다른 이유는, **만약 집에서 사망했을 경우, 사망 진단서를 쓰기 위해서입니다.**

사망 진단서를 쓸 수 있는 사람은 의사뿐이며, 이것도 그 사람의 상태를 진단했던 의사뿐입니다.

가끔은 "사망 진단서만 작성해주면 돼요. 방문 진료는 돈이 들겠지요? 죽은 후에만 와주면 돼요."라고 하는 사람도 있지만, 그렇게는 안 됩니다. **병세가 악화하는 경과를 한 번도 진단하지 않았다면 사망 진단서를 작성할 수 없습니다.**

그래서 우연히 방문한 아파트에서 때마침 할아버지가 돌아가시고, 가족들이 "아, 당신이 바로 의사잖아요? 사망 진단서 좀 써주세요"라고 요구해도 절대로 쓸 수 없습니다. 2주에 1회 또는 1개월에 한 번이라도 좋으므로 정기적으로 진찰한 의사가

혼자 사는 고령자의 동향

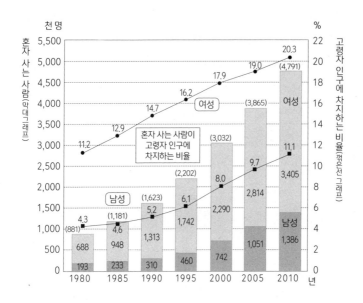

자료: 총무성 「국세 조사」

(주 1) '혼자 사는'이란 위의 조사·추계에서의 '단독 세대'를 가리킨다.

(주 2) 막대그래프의 ( )안은 65세 이상 혼자 사는 노인의 남녀 합계

(주 3) 합계는 반올림으로 반드시 일치하지는 않는다.

아니면 사망 진단서는 쓸 수 없습니다.

혼자 사는 고령자는 해마다 증가하고 있습니다. 황혼 이혼의 증가도 영향을 주고 있습니다. 결혼 문제에 대해서는 다음 장에서 자세히 쓰겠지만, 65세 이상 고령자의 배우자 관계를 보면,

2010년 조사에서는 결혼 비율, 즉 65세 이상의 사람 가운데 배우자가 있는 남성은 80.6퍼센트인데 반해 여성은 48.4퍼센트입니다. 여성이 장수하거나, 남성은 연하의 여성과 결혼하는 사람도 많으므로 이렇게 차이가 나는 것입니다. 다음 그래프에서, '혼자 사는 고령자 동향'을 보면, 혼자 사는 사람은 여성이 역시 많습니다. 그런데도 고독사는 남성이 압도적으로 많은 것이 현실입니다. 이것 또한 '생활 방식의 문제'라고 말할 수밖에 없을 것 같습니다.

임종 후, 경찰 신세를 지고 싶지 않다면, 대전제는 '주치의'를 두는 것입니다. 재택 의료를 받은 경우 그 재택 의사가 사망 진단서를 써줍니다. 만약 의사가 집에 오는 것이 싫은 경우 외래도 상관없습니다.

만일의 사태에 사망 진단서를 써줄 '주치의'가 있어야 합니다. 그것은 죽은 후에 경찰 신세를 지지 않기 위한 가장 중요한 조건입니다.

죽을 때는 의사가 필요 없다

사망 진단서나 의사법 20조 이야기가 나와서 꼭 전하고 싶은 말이 있습니다. '죽는 순간에 의사가 입회하지 않으면 사망 진단서를 써주지 않는다'고 착각하는 사람이 정말 많은데 그런 일은 결코 없습니다.

의사법 20조에 명문화되어 있는 것은 '진찰하지 않고 진단서나 처방전을 쓰면 안 된다'는 것뿐입니다. 진단서는 사망 진찰을 한 후에 작성하라는 것입니다. 죽는 순간에 입회하지 않아도 '사건이 아닌 질병으로 죽었다'는 사실을 사후에 확인하면 사망 진단서를 작성할 수 있습니다. 어느 정도 '이후까지'인가는 사망 후 1시간에서 6시간 후에도, 다음 날도, 상관없습니다.

또한, 의료인들 사이에서도 자주 오해하는 예가 있습니다.

"나는 이 환자를 24시간 이내에 진단하지 않았다. 그래서 사망 진단서를 쓸 수 없다. 그러니 경찰에 신고해야 한다!" 이것도 완전히 오해입니다. 아주 그럴싸하게 만들어 놓은 거짓말입니다. 이러한 오해가 의사들 사이에서 사라지지 않는 것은 **의사법 20조의 단서가 잘못 해석되고 있기 때문**입니다. 의사법 20조에는 다음과 같이 적혀 있습니다.

> 제20조 의사는, 자신이 진찰하지 않고도 치료를 하거나, 혹은 진단서 혹은 처방전을 교부하거나, 자신이 출산에 입회하지 않고 출생증명서 혹은 사산 증서를 교부하거나, 또한 자신이 검안을 하지 않고 검안서를 교부해서는 안 된다. 다만, 진료중인 환자가 진찰 후 24시간 이내에 사망한 경우에 교부하는 사망 진단서에 대해서는 이를 한하지 아니한다.

밑줄 친 부분을 알기 쉽게 말한다면, '**진료한 후 24시간 이내에 환자가 사망하면 집에 가지 않고 사망 진단서를 써도 괜찮다**'는 뜻입니다.

예를 들어, 오늘 아침 제가 진찰한 환자가 그날 저녁에 집에서 사망했다고 합시다. 마지막 진찰로부터 24시간이 지나지 않았기 때문에, 주치의인 저 자신은 그 집에 가지 않고 간호사에게 사망 진단서를 가지고 가라고 맡겨도 상관없다는 뜻입니다.

"네? 그렇게 대충해요?"라고 놀랄지도 모릅니다.

의사법 20조는 1949년, 지금으로부터 70년 전에 생긴 법입니다. 당시에는 지금처럼 의사가 많지 않았습니다. 낙도와 산간 지역, 눈이 많이 오는 지방 등 의사가 쉽게 왕진할 수 없는 지역도 있지만, 문제가 없게 하려고, 건강 상태가 나쁜 사람에게 왕진을 가서 24시간 이내에 숨을 거뒀을 경우, 다시 가지 않고 사망 진단서를 써도 좋다는 법률이 제정된 것입니다. 매우 너그럽고 후한 법입니다. 그러나 많은 의사가 '진료 후 24시간 이내라면 사망 진단서를 쓸 수 있다. 24시간 이상 지났다면 사망 진단서를 쓸 수 없다'고 오해하고 있습니다. 인터넷에서 검색하면 '자택에서 사망한 후 경찰을 꼭 불러야 한다', '사망 진단서는 진단 후 24시간 이내가 아니면 써주지 않는다' 등등 잘못된 정보뿐입니다. 그중에는 '자택에서 사망하는 경우, 먼저 구급차를 불러주세요'라고 적혀 있는 것도 있었습니다. 구급차는 응급 환자를 구하기 위한 것입니다. 이미 사망했는데 구급대를 불러도 할 수 있는 일은 없으므로 경찰을 부르는 것입니다.

의료법 20조의 단서와 다음의 의사법 21조를 혼동하는 의사도 많이 있는 것 같습니다.

제21조 의사는, 시체 또는 임신 4개월 이상의 사산아를 검안하

고 이상이 있다고 인정하는 경우에는, 24시간 이내에 담당 경찰서에 신고하여야 한다.

사체를 보고 찔린 상처나 타박상, 목을 졸린 듯한 흔적이 없는지를 확인하고 만약 살인 가능성이 의심된다면 24시간 이내에 경찰에 신고해야만 하는 것이 의사법 21조입니다. 즉 범죄에 관한 법률입니다.

그런데 '24시간'이라는 말이 20조 및 21조에 공통으로 들어가 있으므로, 아무래도 혼동하기 쉬운 것입니다. 그 결과 **'진찰하고 24시간 이상 지난 후 죽은 경우, 경찰에 연락하지 않으면'이라는 의미로 오해하고** 있는 것입니다. 그런 규정은 어디에도 없습니다.

너무 많은 의사가 오해하고 있으므로 후생노동성에서는 2012년에 '마지막 진찰에서 24시간 이상 지나서 사망하면 사망 진단서를 쓸 수 없고, 경찰에 신고해야만 된다는 것은 틀린 것'이라는 통지서를 다시 보냈습니다. 1949년에 시행된 법률을 2012년에 확인해서 다시 주지시켜 준 것입니다.

분명하지 못한 것 같은데, 죽는 순간에 의사가 없었어도, 죽은 후에 주치의가 와서 사망 진단서를 써주기만 하면 경찰 도움을 전혀 받지 않아도 됩니다. 집에 혼자 있더라도, 그렇게 오랜 시간이 지나지 않고 찾아서 주치의에게 즉시 연락하면 고독사라는 최후가 되지 않을 가능성이 부쩍 커지는 것입니다.

집 열쇠를 맡길 수 있는 사람은 있습니까?

집에 혼자 있을 때 넘어지더라도 될 수 있는 대로 빨리 발견되어 주치의에게 연락이 된다면, 고독사는 일어나지 않습니다. 그렇다면 빨리 발견되려면?

그렇게 하기 위해서는 '지켜보기'가 중요합니다. 방문 간호의 필요성이 높은 사람은 방문 간호사에게 매일 와달라고 부탁하고, 방문 간호사가 올 수 없을 경우에는 이웃이나 민생위원에게 봐달라고 부탁합니다.

하루 한 번 누군가가 얼굴을 내밀게 해두면 비록 집에서 쓰러져 있더라도 24시간 이내에 찾을 수 있습니다. 이런 '지켜보기 체제'를 만들기 위해서 사람을 사귀는 방법에 대해서는 다음 기회에 자세히 설명하겠습니다.

그래도 문제가 되는 것은 현관 '열쇠'입니다. 문 안쪽에서 열쇠를 잠근 채 쓰러져 있으면 쉽게 들어갈 수가 없습니다.

실은 혼자 사는 환자의 집에 처음 방문했을 때 열쇠가 신경쓰여 당황스럽기도 합니다. '딩동딩동' 벨이 울리고, 노인이 황급히 문을 열려고 움직이다가 넘어지는 일도 있기 때문에, 방문할 때 '내가 넘어지게 만드는 것은 아닐까' 하고 불안해하면서 벨을 누르곤 합니다. 넘어지기까지는 하지 않더라도 다리의 힘이 약해져서 벨 소리가 난 후 문이 열리기까지 10분 이상 걸릴 때도 있습니다. 이럴 경우, **'여벌의 열쇠를 만들어 달라'**고 부탁합니다.

물론 재택 의료를 막 담당한 사람에게는 이런 말을 하기 어렵습니다. 누구라도 잘 모르는 사람에게 열쇠를 맡길 수는 없으니까요. 신뢰 관계가 구축된 경우를 고려해서 제안하는 것입니다만, 매우 정교한 열쇠의 경우 복제하는데 1개에 1만 엔 이상 들수도 있습니다. 방문 간호사나 돌봄 매니저 등의 몫도 필요하므로 비용이 많이 들 때에는 비밀 장소에 열쇠 상자를 달거나 어딘가에 열쇠를 숨겨 둡니다. 가장 도움이 되는 간단한 것은 '낮에 문을 잠그지 않는 집'입니다.

어쨌든 혼자 사는 경우, '만약 집에 혼자 있을 때 넘어진다면? 게다가 자물쇠를 채운 상태라면?', 이런 상황을 해결하기 위해서 **가능한 한 빠른 시간에 발견할 수 있도록 열쇠 문제를 미리 정해**

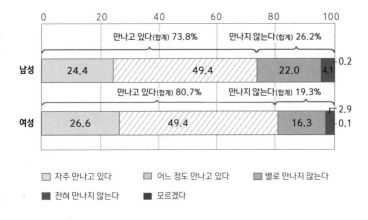

주변에서의 사귐 정도

	0	20	40	60	80	100

만나고 있다(합계) 73.8%　만나지 않는다(합계) 26.2%

남성 | 24.4 | 49.4 | 22.0 | 4.1 | 0.2

만나고 있다(합계) 80.7%　만나지 않는다(합계) 19.3%

여성 | 26.6 | 49.4 | 16.3 | 2.9 | 0.1

☐ 자주 만나고 있다　▨ 어느 정도 만나고 있다　▩ 별로 만나지 않는다

■ 전혀 만나지 않는다　■ 모르겠다

자료: 내각부 「사회의식에 관한 여론 조사」(2014년)로 작성
(주) 전국 20세 이상 일본 국적을 가진 조사 대상 가운데 60세 이상의 답변만 발췌해서
게재

둘 필요가 있습니다.

　그리고 재택 의료·방문 간호 관련 직원뿐만 아니라 신뢰할
수 있는 이웃 친구 또는 누군가에게 열쇠를 맡겨 두는 것이 정말
중요합니다. 그런데 근처에 의지할만한 사람이 없다고 생각하
는 남성이 많습니다(다음 그래프 참조). 물론 이웃과 만나는 것이
귀찮기도 하고 좋기만 한 것은 아닙니다. 그러나 찾아보면 반드
시 마음에 버팀목이 되어 줄 사람을 근처에서 찾을 수 있을 것입
니다. 그러기 위해서 단골 식당이나 술집, 또는 자주 가는 가게

를 만들어 두는 것도 중요합니다.

　이에 관해서는 나중에 자세히 쓰겠지만 집에서 혼자 마실 정도라면 친절한 여주인이 있는 술집에 가보십시오. 이왕이면 젊은 여자가 있는 가게가 좋다는 생각을 해서는 안 됩니다. 젊고 예쁜 여자가 '당신 집 여분의 열쇠를 주세요'라고 속삭여도 몸을 위해서는 맡기지 않는 쪽이 좋겠지요. 고독사 전에 죽을지도 모르니까요.

할아버지가 욕실에서 돌아가셨어요

혼자가 아닌 **3대의 가족이 함께 살고 있어도, 고독사는 할 수 있습니다.** 예를 들어 제가 이전에 재택 진단했던 환자 중에 이런 사례가 있었습니다.

자택 1층에서는 작은 회사를 운영하고, 할아버지는 2층에서 딸네 가족과 함께 살고 있었습니다. 화장실까지는 혼자 걸을 수 있을 정도의 상태였습니다. 깨끗한 것을 좋아하는 분으로, 평소에 정갈하고 깔끔하게 하고 계신 멋진 분이었습니다.

그런데 어느 날 방문 간호사가 평소처럼 방문했는데 보통 때에는 침대에 누워 계시던 할아버지가 보이지 않았습니다. '혹시나?' 하고 간호사가 욕실 문을 열어보니 할아버지가 이미 욕조에서 사망한 상태였습니다. 게다가 대량의 탈분으로 똥투성이의 모습이었습니다.

그분은 아침에 목욕하는 습관이 있었습니다. 아침에는 아마
도 건강한 상태였을 것이므로 평소처럼 목욕을 했을 것으로 추
정됩니다. 가족 역시 이런 일이 생길 줄이야 꿈에도 생각하지 못
했을 것입니다. 가족들은 1층에서 일하고 있었고, 사무실에서
나와 2층 다른 방에 왔다 갔다 하면서도 전혀 눈치채지 못했던
것입니다.

방문 간호사는 가족에게 전하기 전에 제게 먼저 연락을 해서
"할아버지가 목욕 중에 돌아가셨는데 안아 올려도 될까요?" 하
고 물었습니다. 왜 그렇게 생각했을까요? 가족의 충격을 완화
하기 위해서입니다. 늘 말쑥한 모습을 보이던 할아버지가 변이
둥둥 떠 있는 목욕탕 안에서 돌아가신 모습을 보면 가족들은 얼
마나 충격을 받겠습니까. 함께 살고 있으면서 왜 몇 시간 동안
알지 못했나 싶어 계속 후회할 것입니다.

그 순간 간호사의 마음을 알아채고 "할아버지를 침대에 옮기
고 나서, 가족에게 전하세요!"라고 지시했습니다. 간호사가 할
아버지를 혼자 욕조에서 안아 올려 침대로 옮겨 목욕 수건으로
가볍게 닦고서야 1층의 가족들에게 전했습니다.

당시 근처에 있던 제가 15분 정도 후에 도착했을 때 할아버지
는 침대에 누워 있고, 딸, 사위, 손녀들이 당황한 모습으로 앉아

있었습니다. 가족들에게는 사망 사실만 확인해주고 '왜 몸을 깨끗이 닦았는지에 대해서'는 말하지 않았습니다. 그리고 사망 후 벌써 서너 시간이 지난 상태지만, 방금 돌아가신 것처럼 이야기했습니다. 배려가 담긴 거짓말입니다.

"힘드셨겠지만 어쩔 수가 없으셨겠네요. 아마도 목욕 중에 심장이 멈춘 것으로 추정됩니다"라고 하면서, 사망 진단서의 사인은 '급성 심장마비'라고 썼습니다. 그분은 전립선암 말기이기도 했고 '전립선암'으로 기재할까, '익사'라고 할까, 또는 '급성 심장마비'라고 쓸까 고민했습니다. 의학적으로는 목욕 중 익사한 것이 사실이지만 '익사'라는 말은 함께 살던 가족들의 마음을 무겁게 하고, 전립선암 때문에 사망한 것은 아닙니다. 목욕 중에 아마도 열충격으로 치명적인 부정맥이 나왔을 것이고, 그 결과 익사했을 테니 '급성 심장마비'라고 쓰는 것이 틀리지는 않을 것이기 때문입니다.

가족들과도 만약을 대비해 "의심스러운 점이 있었습니까? 설마 도둑이 들거나 한 것은 없지요?"라고 물었습니다. 그리고 "목욕 중 급성 심장마비를 일으키고, 이것을 보고 간호사가 안아 모셔온 것뿐이니까 경찰에 연락할 필요가 없다고 저는 생각하지만, 만약 걱정되시면 경찰에 연락해도 좋습니다"라고 말했습니다. 그러나 가족들은 슬퍼하는 중에도 상황을 납득하고 있었기 때문에 그 자리에서 사망 진단서를 작성하는 것을 직접 지켜봤습니다.

만약 재택 의료를 받지 않고 먼저 발견한 사람이 방문 간호사가 아니라 가족이라면 분명 당황해서 구급차를 불렀을 것입니다. 구급차를 부르고 그 상태라면 자동으로 경찰이 출동했을 것이고, 그랬다면 할아버지가 돌아가셨다는 충격, 대변이 떠 올라 있는 상태에서 사망했다는 충격, 한집에 살면서도 빨리 알지 못했다는 충격, 경찰이 와서 심문하고 현장 검증에서 몇 시간 동안 구속받아야 하는 충격…… 등 사중고가 기다리고 있었을 것입니다. 만약 경찰 검시 결과, 해부대 위로 올려지면 이 또한 더 큰 후회로 남을 것입니다.

간호사가 순간적인 판단으로 재치를 발휘했고, 마침 저도 곧 달려갈 수 있었기에 할아버지의 존엄을 지키고 가족들의 충격도 덜 수 있었습니다. 매번 이렇게 잘 이루어진다고 할 수는 없지만, 적어도 당시 재택 의료를 받고 있었기 때문에 가족들의 트라우마를 최소화할 수 있었다고 생각합니다.

가족과 함께 살고 있어도 죽은 뒤 몇 시간 동안 알지 못하고 그대로 있다가 황급히 구급차를 부르면 경찰 조사가 시작되는 것이 현실입니다. 이것도 고독사라고 해야 하지 않을까요. 대가족 속에서의 고독사 말입니다.

죽음에는 예견된 죽음과 예견하지 못한 죽음,
두 가지밖에 없다

지금 약 500명의 재택 환자를 진찰하고 있습니다만, 그중 70퍼센트가 여성입니다. '도움을 필요로 하는 남성은 도대체 무엇을 하고 있을까?'라는 이상한 생각이 듭니다. 진실은 알 수 없지만, 남성의 경우 '재택 의료 따윈 필요 없다'고 생각하는 경우가 많을지도 모르겠습니다.

어쨌든 도움을 청하는 것은 여성이 빠른 것 같습니다. 내가 부회장직을 맡고 있는 일본 존엄사협회 회원도 여성이 훨씬 많습니다. 여성 쪽이 자신의 '죽음'과 '인생을 정리하는 방법'을 직시할 수 있는 것 같습니다. 종말기에 관한 강연회를 개최하면 참석자 80퍼센트가 거의 여성입니다.

남자들 가운데는 그런 것은 '보고 싶지 않아', '생각하고 싶지도 않아'라고 생각하는 사람이 많습니다. 앞날을 생각하고 싶지 않아서, 준비가 없는 상태로 있다가 갑자기 쉽게 종말을 맞이하는 것 아닐까? 말하자면 남자 쪽이 겁이 많은 것이겠죠. 죽음을 생각하고 싶지 않은 결과 고독사의 확률은 높아집니다.

종말기 의료에 오랫동안 종사해 온 바, 죽음에는 크게 두 가지가 있다고 생각합니다.

'예견된 죽음'과 '예견하지 못한 죽음' 두 가지입니다.

예견된 죽음의 대표는 노쇠입니다. 서서히 약해지므로, 본인이나 가족들도 준비하기 쉽고 고독사가 되기 어렵습니다.

한편, 예견하지 못한 죽음, 즉 돌연사는 아무런 예고도 없이 갑자기 발작이 일어나며 쓰러지는 것인데, 아무도 눈치채지 못하고 그대로 시간이 지나면 고독사가 됩니다. 돌연사를 일으키기 쉬운 질병은 **급성 심근경색**이나 **대동맥 박리**가 유명합니다.

그리고 별로 알려지지 않은 갑작스러운 심장정지로 **'브루가다 증후군'**이라는 것이 있습니다. 처음 들어보는 분도 많을 것입니다. 그런데 **'돌연사 병(청장년 급사 증후군)'**이라는 이름은 들어 본 적이 있으신가요?

언뜻 보기에 건강해 보이는 한창 일할 남자가, 밤에 자다가 신음을 내며 돌연사합니다. 이것은 '돌연사 병'이라고 불리고 있습니다. 도쿄도 감찰의무원에서 이름을 지어 준 것이랍니다.

돌연사 병은 비교적 젊은 사람에게 많으며 "그렇게 건강했던 사람이 왜 죽은 거야?", "사실은 자살 아냐?"라고 숙덕거리기도 하는데, 최근에서야 브루가다 증후군이 원인이라는 것이 밝혀졌습니다.

부루가다 증후군은 1992년에 스페인 의사 부루가다 형제에 의해 보고된 질병입니다. 유전자에 이상이 생긴 것으로 알려져 있고, 자는 동안이나 식후에 치명적인 부정맥이 생겨 돌연사한다는 것입니다.

　브루가다 증후군은 남녀 비율이 9:1로 남성에게 압도적으로 많은 병입니다. 20대, 30대, 40대 젊은 사람에게 많으며, 더욱이 아무런 예고도 없이 발작이 일어납니다. 그래서 '돌연사'라고 불리고 있습니다. 단지 브루가다 증후군은 심전도에서 특징적인 소견을 보여 주기 때문에, 건강 진단에서 심전도 검사를 받으면 먼저 찾을 수 있습니다. 그리고 돌연사 위험이 큰 사람에게는 체내에 제세동기를 이식하면 생명을 위협하는 부정맥이 발생했을 때 작동하여 돌연사를 막을 수 있습니다. 그렇지만, 브루가다 증후군인 것을 모르고 살면, '어느 순간 갑자기……' 돌연사하기 때문에, 남성은 자신이 브루가다 증후군이 있는지의 여부를 알아 두는 것이 좋습니다. 매년 건강 진단을 받고 있다고 해도, 심전도 검사를 받아야 비로소 알 수 있습니다.

　브루가다 증후군 이야기가 길어졌습니다. 그러나 **돌연사는 일정한 빈도로 발생합니다. 확률로 말하면 5퍼센트 정도**입니다. 아무리 건강에 신경을 쓴다 해도 당하는 사람은 당하는 것입니다. 갑작스러운 것을 예상하기 어려운 만큼 고독사로 연결되기 쉽습니다. 하지만, 만일 빨리 발견해서 담당의에게 연락할 수 있다면, 불필요한 경찰 개입을 막을 수 있습니다.

할 수만 있다면, 봄날 꽃 밑에서 죽는 것

앞에서 소개한 돌연사의 위험은 꽤 흥미로운 결과입니다. 4월 심야가 제일 위험할 때라는 사실은 꽃놀이에 취한 밤의 중년 남자는 죽음에 가장 가깝다는 것을 말해줍니다. 무심코 사이교(西行) 법사의 유명한 와카(和歌), "원하옵건대, 꽃 아래에서, 봄에 죽기를, 열반하신 달, 망월경에나"를 기억했습니다. 사이교가 생전에 지은 이 노래처럼, 만개한 꽃 아래에서 음력 2월 석가모니가 입적한 날에 죽었다니 참으로 멋집니다. 향년 73세였습니다.

역사적 인물로는 제일 부러운 죽음일지도 모릅니다. 옛날에는 의료가 별로 없어서 쌩쌩하게 돌아다니다가 덜컥 죽는 사람이 많았을 것입니다.

'쌩쌩 덜컥'은 행복하게 마지막을 맞이하는 방법의 대명사입니다. 늙어서도 건강하게 활동하다가 어느 날 덜컥 극락왕생하는 것입니다. 이상적으로 말하면 이상적일 수도 있지만, 이것은 갑작스러운 죽음과 동의어입니다. 그러나 '쌩쌩 덜컥'하고 사망했을 때 '극락왕생'이나 '평온사'나 '고독사'가 되는 것은 종이 한 장 차이입니다.

인생의 마지막 단계가 되면 자연스러운 흐름에 맡기는 것이 평온사입니다. 저는 다음 5가지를 충족시키는 최후를 '평온사'라고 생각합니다.

① 최후를 맞이하는 장소가 '본인이 희망하는 장소일 것'
② 완화 의료의 혜택으로 '고통이 없거나 적을 것'
③ 즐거움과 웃음이 있고, '평온한 생활을 영위할 것'
④ 환자 본인이 '죽음의 공포에 휩싸이지 않는 것'
⑤ 환자 본인이 '현재에 만족하며 이해하고 긍정할 것'

마지막까지 집에서 지내고 싶다고 생각하던 사람이 자기가 원하던 대로 집에서 편안하게 생활하다, 어느 순간 급성 심근경색이나 심한 뇌졸중을 일으켜 덜컥 죽고 말았다면 자연스러운 흐름 안에서 맞이한 최후이기에 바로 '평온사'입니다만, 평온사로 죽은 이후, 누구에게도 발견되지 못한 채 며칠간 방치되어 있으면, 반드시 경찰이 들어오고 '고독사'라고 판정됩니다.

종이 한 장이라는 차이는 이런 의미입니다. 그래서 마지막까지 평온하게 보내고, 나중에 '고독사'라는 말을 듣고 싶지 않다면 그만한 준비가 필요한 것입니다.

준비의 첫걸음은 '만약의 사태가 언제 올까. 내일 올지도 모른다'는 것을 미리 상정해두어야 합니다. 하지만 항상 죽을 것만 생각하면 그것은 질병입니다. 그렇다고 죽는 것을 전혀 생각하지 않고 살아가는 것도 좀 그렇습니다.

그러니 인생의 마지막을 부탁할, 의지가 될 '주치의'를 찾아봐 두어야 합니다.

종말기 의사 선택의 중요한 포인트는 다음과 같습니다.

· 집에서 가까운 곳
· 만일의 경우, 왕진해 줄 수 있을 것
· 고통 완화 치료(재택 완화 케어)에 익숙할 것
· 각종 질병이나 마음의 고민을 종합적으로 진단해 줄 것

드물게 통원에 몇 시간씩 걸리는 대형 병원의 의사를 '주치의'로 삼는 환자도 있습니다만, 자신이 통원할 수 없을 때, 왕진을 부탁할 수 있겠습니까? 만일의 경우에 사망 진단서를 써 줄 수 있을까요? 200병상 이상의 종합병원에서는 불가능하겠지요.

그러나 200병상 미만의 재택 요양 지원 병원의 의사는 이것이 가능합니다.

최후를 맡기는 것은 어떻든 의사입니다. 그렇다면 꼭 주변에서 '재택 의료도 하는 담당 의사'를 찾으십시오. 삶의 최후를 지켜봐달라는 것이니 '이 의사라면' 하는 관점에서 선택하는 것이 좋다고 생각합니다. 기운이 없어진 뒤에 선택하기보다는 건강할 때 찾는 것이 좋습니다. 그리고 「슈칸아사히」의 무크책 『마지막까지 자택에서 진찰해 주는 좋은 의사 2017년도 판』을 꼭 가정에 한 권씩 비치해야 합니다. 제가 전면 감수한 책으로, 반드시 도움이 될 것입니다.

◎ 정리

· 고독사는 생각보다 가까이 있다.

· 돌연사는 고독사로 이어지기 쉽다.

· 마지막에 경찰 신세를 지지 않기 위해서는 사망 진단서를 써주는 '재택 의료도 하는 담당 의사'를 선택하여 평소 친분을 유지하자.

· 「슈칸 아사히」의 무크책 『마지막까지 자택에서 진찰해 주는 좋은 의사 2017년도 판』을 가정에 꼭 한 권씩 비치한다.

· 친한 사람이나 이웃에게 '만약 자신에게 뭔가 일이 생기면 재택 의사에게 전화를 해달라'고 부탁한다.

배우 아토 가이 씨의 경우

'고독사'라는 단어가 빈번하게 사용되고 있습니다. 사후 정리 비용을 보상하는 고독사(고립사) 보험도 있다고 하더군요. 고독사에 대한 의학적 정의는 아직 없습니다. 저는 '아무에게도 간호 받지 못한 죽음'이라고 정의합니다. 도쿄도 감찰의무원 통계에 의하면, 누구에게도 간호 받지 못한 죽음으로 경찰에 신고 된 경우, 70퍼센트가 남성이라고 합니다.

남성의 고독사라고 하면 개성파 배우로 알려진 아토 가이(阿藤快) 씨의 죽음이 생각납니다. 2015년 11월 14일 떠날 때 69세였습니다. 아토 씨는 기혼자였습니다. 그런데 가족과 함께 사는 집과 별도로 개인이 사용하는 아파트를 가지고 있었고, 거기에서 죽었습니다. 절반의 일터이자 은신처를 갖는 것은 남자의 로망입니다. 아토 씨와 같은 생활을 하는 사람은 의외로 많을 것으로 상상됩니다.

아토 씨는 11월 14일이 생일이었습니다. 이날 축하 메일을 보냈지만, 응답이 없어서 이를 의아하게 생각한 기획사 사무실 관계자가 가족에게 연락했습니다. 아파트 열쇠를 가지고 같이가서 문을 열자 침대에서 차갑게 식은 아토 씨의 시신이 발견됐습니다.

사후 2일이 지났으니 69번째 생일날 사망한 것입니다.

사인은 대동맥 파열에 의한 흉강내출혈입니다. 며칠 전에 '허리가 아프다'라고 했으므로 약간의 자각 증상은 있었던 것 같습니다. 그러나 고통스러워하거나 힘들어하는 모습은 없었다고 합니다. 대동맥 파열은 '침묵의 살인자'라고 할 정도로 자각 증상 없이 진행됩니다. 응급 수술에 의한 생존율은 10~20퍼센트 정도입니다. 아토 씨도 죽기 직전까지 골프를 즐기며 일을 했다고 합니다.

고독사는 혈관 등의 질병에서 오는 돌연사가 많습니다. 의료신세를 지지 않고 죽는 것은 즉, 많은 일본인이 동경하는 '쌩쌩 덜컥'입니다. 그런데 요즘 미디어가 고독사를 공포 쪽으로 부추기고 있다는 생각을 많이 하게 됩니다. 자주 메일을 쓰거나 전화할 수 있는 상대가 3명 이상 있는 것이 중요하다고 생각합니다. 그러면 며칠 내에 누군가가 찾아 줄 것이니까요.

태어날 때도 죽을 때도 사람은 혼자입니다. 필요 이상으로 두려워할 필요는 없겠지만, 미리미리 생각해두어야 할 것 같습니다.

제 2 장

기혼자의

고독

- 아내를 무서워하는

남자들

곧장 귀가하지 못하는 남자
— 귀가 공포증은 고독사 예비군?

'고독사'하면 '독신자 이야기'라고 생각하는 사람이 많을 것 같습니다. 배우자가 있는 남성들은 '남자 쪽이 단명하니까 먼저 세상을 떠나잖아, 그러니 간호 받을 수 있어'라고 안심하고 있을지도 모르겠지만, 현실은 그렇지도 않습니다.

앞 장에서 **가정에서도 고독사**가 있다는 이야기를 했습니다. 부연하자면, 지금 비록 혼자 살고 있지 않다고 해도, 앞일은 알 수 없습니다. 아무리 사이좋은 부부라 해도 죽을 때는 따로따로 입니다.

한편 황혼 이혼도 드물지 않습니다. 덧붙여서, 황혼 이혼은 나이의 문제가 아니라 혼인 관계를 20년 이상 지속하다가 이혼 하는 부부를 말합니다. 황혼 이혼은 정년을 맞이한 남편이 집에 계속 있게 되고, 그때까지 축적되어 있던 불만이 단숨에 폭발하여 아내가 남편에게 작별을 고하는 패턴이 가장 많다고 합니다.

일본에서는 2008년부터 이혼 후의 연금 분할에 남편의 합의가 필요 없게 되었습니다. 이런 영향도 있어서인지 최근 70세 이상의 이혼 건수가 증가하고 있다고 합니다. 백발이 될 때까지 함께 하자더니 함께 백발이 된 상태에서 어느 날 갑자기 '헤어지자'라며 이혼 서류를 내밀 수도 있습니다.

최근에는 '이활(離活)'이라는 말도 있습니다. '이혼 활동'입니다. 덧붙여, '이혼 상담'이라는 직함을 가진 사람도 있다고 합니다. 기혼자라고 해도 아무 생각 없이 있을 수는 없습니다.

그 외에도 호적상으로는 배우자가 있지만, 별거 중이라 사실상 혼자 사는 사람도 가끔 있습니다. 가정 내 별거가 아니라 가정 외 별거입니다.

전에 제 암 환자인 여성이 "나가오 선생님, 저는 병원에서 죽고 싶지 않습니다. 하지만 집에서 남편에게 죽는 모습을 보여 주고 싶지는 않아요"라고 한 뒤, 단기임대 아파트를 휴식할 집으로 선택한 분도 계셨습니다. 우리는 거기로 왕진을 다녔고, 그녀의 친구가 간호했습니다.

어쨌든 지금 혼자 살고 있지 않다고 해도 어떤 형태로든지 독신이 될 가능성은 누구에게나 열려 있습니다. 이 장에서는 기혼 남성에게도 고독사는 결코 먼 나라 이야기가 아니라는 것을 알려드리려 합니다.

아내가 무서워서 집으로 돌아가고 싶지 않아.

이런 '귀가 공포증'을 가진 남성이 늘고 있습니다.

회사에선 생트집 잡히고, 부하와 상사 사이에 끼여, 나이를 먹을수록 책임만 늘어나 스트레스를 잔뜩 끌어안고 집에 돌아오면, 이번에는 아내의 불평과 큰 소리가……. 결국 그 끝은 "쥐꼬리만 한 월급!"이라는 말로 한숨을 쉬는…….

불과 얼마 전까지만 해도 남편의 행동이 스트레스가 되어 아

남편의 어떤 행동이 신경에 거슬리나요?-50대 주부의 대답

· 온종일 집에서 빈둥빈둥할 때
· 스스로 사소한 일도 하지 않을 때
· 아내나 자녀보다 친부모를 믿고 두둔할 때
· 아내가 바빠해도 못 본 척할 때
· 사용한 것을 원래의 위치에 제대로 놓지 않을 때
· 화장실을 더럽힐 때
· 말을 걸어도 대답이 없고, 대화가 거의 없을 때
· 벗은 것을 그대로 둘 때
· 간섭이 지나칠 때
· 쇼핑가서 재촉할 때
· 말귀를 잘 못 알아들을 때
· 언제나 냄새가 난다

내의 심신에 질병이 일어난다는 '은퇴 남편 증후군(夫源病)'이 화제가 되었습니다만, 최근에는 이와 반대로 아내의 행동이 스트레스의 원인이 되어 남편의 심신에 질병이 일어난다는 '처원병(妻源病)'이 늘고 있다고 합니다.

아내 눈치를 살피며 벌벌 떠는 생활을 하는 동안 이제는 현관문 여는 것이 겁난다는 이야기를 자주 듣습니다. 요즘은 곧바로 귀가하지 못하고 밤거리를 어슬렁어슬렁 이리저리 떠도는 샐러리맨을 '후라리 맨'이라고 부른다고 합니다.

또는 "집안의 규칙은 모두 아내가 결정하고, 자녀들도 아내의 편이고, 집안에서 자신이 있을 곳이 없어", "집에 돌아와도 대화는 없고 숨이 막힌다"고 합니다.

환자 중에도 "아내가 무서워서 집에 돌아가고 싶지 않아요"라고 말하는 남성이 적지 않습니다. "자, 어떻게 지내셨나요?"라고 물으면 대부분 "일이 끝나면 술집에서 매일 홀짝홀짝 마시고 있지요"라고 말합니다. 아내가 자는 시간을 계산해서 집으로 돌아가려는 사람도 있는 것 같습니다.

중년 남성이 이런 생활을 지속한다면 조만간 몸이 상하게 될 것은 뻔한 이치입니다.

폭음과 폭식이나 생활 습관이 문란해지면, 고혈압, 당뇨병, 부정맥 그리고 뇌졸중이나 심근경색, 대동맥 박리 등의 위험성이 더욱더 커집니다. 결국 돌연사의 위험도 그만큼 커지는 것입니다. '귀가 공포증'을 겪는 사람은 황혼 이혼, 돌연사 그리고 고독사 예비군입니다.

이제 다음에 얘기할 것은 '**남편의 귀가 거부증을 조장하는 아내의 특징**'에 관한 것입니다.

만약 책을 읽고 있는 당신이 주부라면 꼭 한번 확인해 보시기 바랍니다. 남편을 고독하게 만들지 않기 위해서…….

이런 아내가 남편에게 '귀가 공포증'을 조장하고 있다!

1. 남편을 지배, 관리하고 싶어 하지 않습니까?

"어디 갔었어?", "지금 누구랑 통화 중이야?", "언제까지 자고만 있을 거야?", "뭔데 그렇게 어수선해? 뭐야?", "휴대전화 보여 줘 봐", "어딘가 좀 데려가 줘"…… 이러한 대사가 남편에게는 스트레스의 근원입니다.

2. 남편에게 지고 싶지 않다고 생각하지 않습니까?

사소한 일도 곧 공격적으로 변하며 내 주장이 옳다고 억지로 밀어붙이려고 합니다. 고학력의 아내에게 흔히 있는 패턴입니다.

3. 금방 피해자인 척하지 않습니까?

“이제 나 따위는 사랑하지 않는 거야?”, “내 몸에 매력을 느끼지 않지?”, “더 소중히 해주지 않으면, 바람피울 거야”, “신경 안 쓸 거면 돈이나 줘”…… 피해자 행세를 하면서 남편을 협박하고 있지는 않습니까?

4. 금방 다른 가정과 비교하고 있지 않습니까?

“○○ 씨 댁은 다음 달에 하와이에 간다네!”, “친구 ◇◇는 차를 벤츠로 바꿨대.”, “□□ 씨의 남편은 도쿄대학 나왔다는데…….” ‘그래서 뭐? 어쩌라고!’라고 대꾸하고 싶게 만드는 푸념들만 늘어놓고 있지는 않습니까?

5. 남편보다 친정이 중요하다고 생각하고 있지 않습니까?

가족을 소중히 하는 것은 좋은 일이지만, 친정 부모와 남편의 부모에 대해 너무 차를 두고 있지는 않습니까? 시댁에 갈 때면 곧바로 불쾌감을 드러내면서, 틈만 나면 친정어머니와 여행을 하거나 쇼핑하고, 심지어는 “나는 당신이 아니라 친정 가족묘에 들어가고 싶어”라는 식이지요!

만약 당신의 아내가 모두 해당한다면, 당신은 고독사 예비군일지도 모릅니다.

'귀청소방' 추천?

'귀가 공포증'이라고 해서 날마다 밖에서 술만 마시는 것은 좋지 않습니다. 적당히 받아들이는 것은 좋지만, **알코올 섭취가 도를 넘어서면 고독사 위험만 증가시킬 뿐**입니다. 때로는 취향을 바꿔 보는 것도 좋겠지요.

아내가 무서워서 귀가 공포증인 남성이 가끔 '귀청소방'에 가서 스트레스를 해소한다는 이야기를 들었습니다. 그렇구나! 싶어 소개합니다.

"에~? 선생님, 갑자기 무슨 말씀을?" 여성 독자들에게서 지적이 들어오겠지만, 제가 말하는 곳은 음란한 곳이 아닙니다.

'귀청소방(미미카키 리후레)'의 리후레는 리플렉솔로지(reflexology)의 약자로, 피로 개선을 도모하는 반사 요법이라는 의미입니다. 여성 직원의 무릎베개를 베고(대부분 유카타 복장 차림의 여성이 많습니다) 귀 청소 서비스만 받는 곳입니다.

귀 청소는 자기가 하면 되는데, 일부러 귀청소방까지 가서 30분에 천 엔이라는 돈을 내면서까지 서비스를 받는 남성들이 있는 것 같습니다. 조사해보면 귀청소와 어깨 안마를 하나의 세트로 하는 곳이 많은 것 같습니다.

왜 이런 가게가 유행할까요?

이것은, 요즘 피로에 지친 중년 남성들이 추구하는 것은, 성욕 해결 장소가 아니라 스트레스를 해소하는 치유의 장이기 때문 아닐까요.

중년이라면, 때로는 이 정도 모험을 해도 좋다고 생각합니다. 아니, 이제는 여성에게 접근하는 것도 귀찮고, 또 흥미도 전혀 없어졌다면, 당신의 남성 호르몬, 테스토스테론 수치가 상당히 내려갔다는 것입니다. 이 남성 호르몬에 대해서는 나중에 자세히 이야기하겠습니다.

아내가 살짝 감춰둔 '남편 데스노트'의 충격

얼마 전 고바야시 미키(小林美希)의 『남편이 죽기를 바라는 아내들』이라는 책이 화제가 됐습니다. 세상의 남편들에게는 눈을 의심하게 하는 황당한 제목이지만 '맞아! 맞아!', '나도 그래!'라고 많은 여성들의 공감을 얻은 것 같습니다.

특히 '남편 데스노트'라는 사이트가 유행한다고 생각했는데, 결국 이것이 책으로 나오고, 아주 잘 팔린다고 합니다. '데스노트'는 만화 『DEATH NOTE』에 등장하는 것으로 노트에 어떤 사람의 이름을 쓰면 그 사람이 죽는다는 노트입니다.

'남편 데스노트'는 그것의 남편 버전입니다. 이 사이트에는 하루 70~80만 번의 접속이 있다든가, 70~80만 명의, 남편이 죽었으면 좋겠다고 바라는 아내들이, 평소의 한이나 원망을 담아 글로 남기거나 다른 사람이 쓴 글을 읽고, '나만 그런 게 아니네!'라고 안심할 수 있는 사이트입니다. 우리 남자들에게는 이만큼 기괴한 곳이 있을까요?

'내 인생 최대의 기쁨은 그 놈의 보기 흉한 송장을 앞에 두고 박장대소하면서 가족과 하이파이브를 하는 것입니다.'
'언제쯤 죽어 줄 거야?'
'어떻게 해주면 죽어? 매일 매일 기도하고 있는데.'
'눈에 띄지 않게 죽어.'
…… 소름 끼치는 말들이 줄줄이 이어지고 있습니다. **'드디어 남편이 죽어 주셨습니다'**는 글에는 **'부럽다'**는 댓글이 쇄도하고 있었습니다. 남편의 죽음을 기다리는 아내가 이렇게 많다는 사실에 깜짝 놀랐습니다.

결혼 초기에는 그렇지 않았을 것입니다. 그렇다면 결혼에 이르지 못했을 테니까요. 언제부터인가 사랑 같은 것은 완전히 식어버렸고, 아내에게 남편이란 '단지 월급 배달 아저씨'로 전락해버린 것 같습니다. '그렇다면 바로 이혼하면 좋을 텐데' 하고 생각할 수 있지만, 그런 아내가 남편과 헤어지지 않는 이유 역시 돈일까요? 수취인이 자신으로 되어 있는 고액의 생명 보험에 들어 있고, 합법적으로 손안에 돈이 들어오는 날을 애타게 기다리며 오로지 남편의 죽음을 기도하고 있는지도 모릅니다.

아니요, 그저 애타게 기도만 하며 기다리고 있지만은 않을지도 모릅니다. 대부분 가정에서 식사를 준비하는 쪽은 아내입니다. 남편의 영양 관리는 아내의 손에 맡겨져 있습니다. 부엌을 좌지우지하는 아내가 남편을 죽이려고 마음만 먹으면 뭐든지 할 수 있습니다.

남편에게만 소금, 설탕, 기름을 조금씩 더 진하게 추가하는 사람도 있다고 합니다. 된장국을 매일 자신과 자녀의 것은 보통으로 만들고, 남편 것은 염분을 진하게 해주거나, 조금씩 늘리면 그 맛에 익숙해져 버리기 때문에 짠지 아닌지를 확인하기 어렵습니다. 바로 '끓는 물 속의 개구리'와 같은 것이지요. 갑자기 뜨거운 물에 넣으면 깜짝 놀라 튀어나오지만, 조금씩 뜨거워지면 눈치채지 못하고 깨달았을 때는 완전히 삶아져서 떠올라 있는……. 옛날부터 '남자를 몰락시키려면 위장을 잡으라'는 말도 있지만, 위장을 잡힌 남자는 어느새 건강, 생명까지 장악당하고 있을지도 모릅니다. 요리 잘하는 아내라면 간단한 일입니다.

혹시나 하고 생각한다면…… 그렇다면, 다음 중 짐작이 가는 사항이 있지 않은지 확인해보십시오.

- 가족과 다른 메뉴가 나오는 경우가 가끔 있다.
- 귀가하면 '난 먼저 먹었어'라며, 자신의 음식만 놓여 있다.

- 아침 빵에 버터(마가린이라면 더 나쁨)를 많이 발라 준다.
- 채소 요리가 줄어들었다. 또한, 샐러드에 마요네즈가 엄청나게 들어가 있다.
- 고기 먹는 날은 이상하게 지방이 많다는 생각이 든다.
- 조림이 달다는 느낌이 든다.
- 당을 제한하는 다이어트를 한다고 하면 화를 낸다.
- 외식하면 가게에서 먹는 된장국이 최근 좀 싱겁게 느껴진다.
- 전보다 술을 많이 권하는 경향이 있다.
- 먹는 양은 변하지 않았는데, 최근 몇 년 사이 갑자기 뚱뚱해졌다.
- 아내가 건강 진단 결과에 몹시 신경을 쓴다.

비소 등 독극물을 음식에 넣어 살해하면 범죄입니다. 하지만 매일 식사에 소금, 설탕, 기름을 많이 넣으면, 상대가 고혈압이나 당뇨병, 또는 뇌졸중, 심근경색 등이 있다고 해도, 물론 죄로 추궁하지 않을 것입니다. 아내가 남편을 완만하게 죽이는 것은 의외로 간단한 일일지도 모릅니다.

『남편이 죽기를 바라는 아내들』 또는 '남편 데스노트'가 큰 공감을 불러일으킨 것은 마음속으로 남편이 죽기를 기다리는 아내가 얼마나 많은지를 말해주고 있습니다. 왜 이렇게 되어 버렸을까요? **싱글도 지옥, 결혼도 지옥**이라는 중년 남성이 늘고 있습니다.

사육당한 남편은 간병 받지 못한다!?

늦어서 간병이 필요하게 되었을 때, 누군가에게 간병을 요구하지만—. 어떤 조사 결과, 남성의 절반이 '아내에게 부탁하고 싶다'는 생각을 하고 있다고 합니다.

실제로 간병 현황에 관한 조사 결과를 보면, 남성의 경우 '배우자가 간병을 하고 있다'는 사례가 많습니다.

그렇다면, 앞에서 이야기한 바와 같이, 소금, 설탕, 기름이 많은 식사를 자기도 모르는 사이에 먹게 된 남편이 만약 정말로 뇌졸중이나 심근경색으로 쓰러지고 후유증으로 타인의 간병이 필요하게 되었다면 아내는 어떻게 할까요?

당신은 아내의 간병을 받을 수 있다는 자신이 있습니까?

재택 의료를 하다 보면 각양각색의 가정을 방문하게 됩니다.

그런데 "빨리 죽었으면 좋겠다"고 하면서 남편의 간병을 하는 아내도 있습니다.

"선생님께서 앞으로 반년 정도일 것이라고 말씀하셨기 때문에, 간병을 해도 좋다고 생각했는데, 우리 남편 또 1년 살고 있잖아요. 화가 나서! 어떻게 좀 해주세요!"라고 따지는 때도 있습니다. 보통은 그렇게 말하는 사람을 너무 심한 부인이라고 생각할 수도 있겠지만 반드시 그렇다고만은 할 수 없습니다. 이 지역은 아마가사키(尼崎) 시입니다. 농담으로 스트레스를 발산하는 곳이지요. 여기에는 여러 가지 의미가 담겨 있으며, 말은 이렇게 하지만 거기에는 깊고 깊은 애정이 담겨있다는 것을 느낄 수 있습니다.

간병이 신문이나 TV에서는 미담으로 포장되긴 쉽지만 '간병 피로', '간병 지옥'이라는 단어에서 상징되는 것처럼, 혼자 떠안고 괴로워하는 사람도 있습니다. 그 가운데는 **"좀 더, 좀 더 살아줘"** 부탁하면서도 **"빨리 죽었으면 좋겠다"**는 심정이 드는 것은 어쩔 수 없는 일입니다. 저에게 푸념함으로써 스트레스를 해소하는 때도 있는 것입니다. 이렇게 동네 의사는 부인의 이중적인 감정도 읽어냅니다.

다만 '간병이 고통스러워서' 때문이 아니라, 그때까지 쌓이고 쌓인 불만으로 "빨리 죽어버렸으면 좋겠다"는 말만 내뱉는 것처럼 느껴지는 사람도 있습니다. 보고 있노라면, "이 인간, 진짜 죽이는 건 아닌가?" 하는 걱정이 불현듯 스치는 적도 있고, 제 쪽에서 "이 아저씨 이제 입원시키는 게 좋지 않겠어요" 하고 권하는 경우도 더러 있습니다. 부부 관계에 따라 재택 간호를 그만 두는 쪽이 좋을 것 같은 경우는 얼마든지 있습니다.

부부 형태가 제각각이라면 간병 형태도 제각각이 좋다고 생각합니다.

남자도 최소한 이것만은 기억하자! …
고독사하지 않는 식사 방법은?

죄송합니다. 마음이 어두워지는 이야기만 엮고 있었습니다. 저는 이 책에서 미담 쓰기는 하지 않겠다고 마음먹었습니다. 일상의 현실을 있는 그대로 전달하는 것이 재택 의사의 역할이라고 생각합니다.

진심으로 남편이 죽기를 바라는 마음으로 매일 식사를 준비하는 사람은 극히 일부니까요(그랬으면 좋겠습니다).

하지만 확실히 있습니다. 진찰실에서 어딘지 모르게 '어~?'라고 느낄 때도 있고, 술집과 골프장에서 이야기를 듣다 보면 중간에 '이 사람 괜찮을까?' 하는 생각이 들기도 합니다.

건강을 해칠 정도로 부부 관계가 악화되지는 않았지만 '아내와 대화가 없다', '둘만 있는 것이 무섭다', '식사 시간이 어색하다'는 등의 이야기는 종종 듣습니다. 특히 자녀가 있는 가정에서는 자녀가 진학하거나 결혼해서 집을 나가고, 그리고 정년을 맞이해서 오랜만에 둘만의 생활로 접어들면 무엇을 이야기해야 할지 전혀 모르는데, 그 순간을 참지 못하는 경우가 많고, 그러다 보면 아내는 점점 기분이 나빠져 이혼이라는 말을 꺼내게 되는 것입니다.

어쨌든 결혼을 했든 하지 않았든 자신의 건강을 오래도록 지키기 위해서는 남자도 스스로 요리를 할 줄 아는 것이 필요합니다.

최근에는 정년 후 남성을 위한 요리 교실도 많이 있습니다. 지금까지 물 끓이는 것밖에 몰랐던 남자가 요리의 즐거움도 익히고 새로운 취미로 삼는 것은 자신의 몸뿐만 아니라 뇌에도 매우 좋습니다. 치매 예방에는 요리가 최적입니다. 절차를 기억하고, 몇 가지의 작업을 동시에 하고, 손가락을 움직이고, 미각을 섬세하게 하며, 물건을 사기 위해 슈퍼까지 걷고, 계산대에서 돈을 지급하고, 거스름돈을 확인하고…… 요리를 하는 것은 일석십조 정도로 효과가 좋습니다.

'남자는 주방에 들어가지 않는다'는 시대는 이제 더 이상 존재하지 않습니다. 또, 예전과 달리 요즘은 슈퍼나 편의점에서도 반찬을 판매하고 있습니다. 고기덮밥 체인점에서는 당분이 낮은 메뉴도 있습니다. 부부 사이에 태풍이 다가오면 편의점이나 외식 체인점에 의존해서 건강을 유지할 수도 있겠지만, 문제는 무엇을 선택할 것인가 하는 것입니다. 이제는 결혼한 사람도 미혼인 사람도 고독사하지 않기 위해서 요리법을 잘 익히고 있어야 합니다.

고독사하지 않는 식사 방법 8가지

1. 편의점에서 컵라면과 김밥을 구매한다면, 반드시 샐러드와 초무침, 큰실말 초무침, 미역귀 등과 함께 사서 먼저 먹읍시다. 간식도 함께 사는 버릇이 있는 사람은 감자 칩보다는 부꾸미를, 초콜릿보다는 과일을 선택하십시오.

2. 하루에 최소 손바닥 한 장 크기의 육류나 생선을 먹읍시다. 그러나 닭튀김이나 튀김류 등의 튀김을 매일 먹으면 안 됩니다. 간단한 소금구이와 지진 고기 등으로.

3. 부엌에서는 일하는 것이 정말 귀찮지 않다면 깨끗하게 씻은 쌀을 사서 밥을 짓고, 다시마 국물이 들어간 된장으로 된장국을 만들어 봅시다. 의외로 간단할지도 모릅니다. 여기에 김치와 낫토를 비비고, 하루에 한 번은 발효 식품을 먹읍시다. 달걀을 얹은 밥도 좋습니다.

4. 중화 정식 식당에 들어갔다면, 라면이나 볶음밥 등의 단품 메뉴가 아니라 채소를 곁들인 정식이나, 간과 부추가 있는 정식 등을 선택하십시오. 서서 먹는 메밀우동도 좋지만, 매번 튀김이나 고로케를 얹는 것은 금지입니다. 다랑어회와 산마즙 요리나 미역 등을 토핑합시다.

5. 쇠고기덮밥 가게에 가면, 쇠고기덮밥 단품이 아닌 된장국이나 샐러드도 주문하십시오. 쇠고기 정식 등, 때로는 생선도 주문해 봅시다.

6. 식사는 하지 않고 술만 들이켜는 것은 좋지 않습니다. 마른안주만 있는 바와 술집에서 마실 것이 아니라, 가정식 요리를 주는 술집이나 스낵바에서 마십시다. 냉두부나 긴피라, 톳 요리, 완두콩 등 가능한 한 저렴하고 수수한 안주를 부탁하십시오. 견과류도 추천합니다.

7. TV 프로그램에서 '이것이 좋다!'고 한다고 해서 그것만 먹는 것은 좋지 않습니다. 아무리 몸에 좋은 것이라도 그것만 먹으면 몸을 상하게 합니다.

8. 50세를 넘으면 라면이나 우동 국물은 전부 마시지 말 것. 튀김 소스를 많이 뿌리지 말고 생선회를 간장에 찍을 때는 주의할 것. 시치미나 후추, 고추냉이, 겨자 등 향신료를 곁들여 사용하면 저염식으로도 만족감을 얻을 수도 있습니다.

아이돌 가와고에 미와 씨의 경우

남의 일이라고 생각되지 않는군요! 한때 인기 아이돌의 고독사 뉴스를 듣자 주변에 있던 여성들은 하나같이 불안한 안색이었습니다. 정통파 미소녀 아이돌로 1990년대에 활약한 가와고에 미와(川越美和) 씨가 9년 전에 고독사 했다고 합니다. 향년 35세입니다. 죽기 몇 년 전부터 정신적으로 균형을 잃고 술에 절어 살았다고 보도되었습니다. 한번 알코올 중독 치료를 받았지만, 술을 포기할 수 없었나 봅니다. 또한, 항우울제도 복용하고 있었습니다. 죽기 1년 전에는 2개의 편의점 비닐봉지 정도 크기의 봉지에 든 약을 들고 멘털 클리닉에서 나오는 그녀의 모습이 목격되었다고 합니다. 10가지 이상의 약을 먹었다는 이야기도 있었습니다.

가와고에 씨에게 도움을 주려 한 사람이 몇 사람 있었던 모양입니다만, 술과 약물 의존에서 벗어날 수 없었던 결과, 도쿄 시내의 아파트에서 완전히 변해버린 모습으로 발견되었습니다. 사인이 명확하진 않았지만, 상황으로 짐작건대 '소극적인 자살' 또는 '자기 방임'이라고 해도 될 것 같습니다.

이런 보도를 들으면 지금 정신과 의료의 존재 방식에 의문을 품지 않을 수 없습니다. 다중 약물 투여로 먼저 자기 방임, 자살이라는 비극적이 일이 일어나도 약을 처방한 의사는 아무런 책임을 지지 않기 때문입니다. 외래에 오지 않게 되면 그것으로 끝……. 같은 의료인으로서 화가 납니다. 제 진료소에서도 1년에 몇 번은 경찰 전화를 받고 고독사 현장에 입회합니다. 때로는 애완견이나 고양이가 함께 죽어 있는 경우도 있습니다만, 아직도 그런 상황에 익숙해지지는 않습니다.

학대 사건에서도 같은 말을 할 수 있습니다. 벽 한 장이 가로막혀 저쪽에서 일어나는 일에 우리는 너무 무관심한 것 아닐까요. 젊은 논픽션 작가 간노 구미코(菅野久美子)가 쓴 『고독사 대국』이라는 책이 화제가 되고 있습니다. 이 책에 의하면, 고독사 80퍼센트가 자기 방임 상태라는 데이터가 있다고 합니다. 식사를 거부하고 자신의 건강 상태에 관심을 두지 않아 어느덧 노쇠해져 소리도 내지 못한 채 쇠약사한다고 합니다.

이런 경우는 방문 간호 보험 제도가 적용되는 노인보다 오히려 젊은 사람에게 많다는 것입니다. 간노 작가의 예측에 따르면 일본의 23~79세 중에서 무려 1000만 명이 고독사 예비군입니다. '고독사 대국'이란 결국 '절망 대국'과 같은 것이라고 생각합니다. 미혼율과 빈곤율만 해도 어떤 해결책도 없습니다.

사회적 약자에게 차가운 정부의 프랙털(fractal)처럼 차가운 인간관계가 만들어지고 있습니다. 당신의 전화 한 통으로 구할 수 있는 생명이 있다는 사실을 잊지 맙시다.

제 3 장

남자는 원래

모자라는

존재다!?

남자와 여자의 서로 속이기

인간도 다른 동물과 마찬가지로 암컷과 수컷은 속고 속이는 관계에 있다. (중략) 여자는 아기를 낳은 후에도 자신과 자녀를 돌봐줄 수 있는 남자를 고르려고 하고, 남자는 섹스로 아기가 태어나면 지체하지 않고 도망치려 한다. 그러나 처음부터 노골적으로 그런 태도를 보이면 여자에게 선택되지 않을 가능성이 크기 때문에, 성실한 척하는 기술이 발달하게 된다. 반대로 여자는 남자의 거짓말을 어떻게 꿰뚫어 볼지 등의 기술이 필요하게 된다. 인간의 언어는 남자와 여자의 서로 속이기 결과 발달했다는 설도 있을 정도이다. 가장 흥미로운 것은 여자의 발정기를 알 수 없게 된 것이다. (중략) 발정기가 아닐 때 수컷이 돌아다보지도 않는다면, 수컷이 먹을 것을 잡아와서 주지 않는 일이 많아지면 암컷들은 좀 곤란하게 된다.

그래서 인간의 암컷, 즉 여성은 언제부터인가 발정기를 알 수 없도록 행동하게 된 것이다. 언제 섹스하면 자녀를 갖게 되는지 알 수 없기 때문에 남자는 언제나 여자에게 관심을 보이지 않으면 안되게 된 셈이다.

그런데 여자가 자신의 발정기를 알고 있는 것같이 하면 남자는 진실을 깨닫게 될지도 모른다. 가장 들키지 않는 거짓말은 자신도 속이는 거짓말이다. 그래서 여성의 발정기는 여성 자신도 잘 알 수 없게 된 것이다. 역시 여자는 남자보다 만만치 않은 존재이다.

−이케다 키요히코(池田清彦), 『수컷은 살아있는 헛된 것인가』에서

여자는 실체지만, 남자는 현상이다

남성은 여성보다 단명합니다. 이것은 여러분도 알고 계십니다. 왜 그럴까요? 그 직접적인 요인은 알 수 없지만, 남성과 여성을 분리하는 염색체를 보더라도 여성이 우수하고, 남성 쪽은 '실패작'입니다.

인간의 세포는 23쌍(46개)의 염색체가 있습니다. 그중 1쌍(2개)은 성염색체라는 것으로, 그 조합에 의해 '여자, 남자'가 결정됩니다.

여성은 'XX', 남성은 'XY', 여성의 성염색체는 X염색체가 갖추어져 있는 반면에 남성은 X염색체와 Y염색체로 불규칙합니다. 특히 Y염색체는 X염색체보다 짧으며 최근 연구에 따르면 해마다 짧아지고 있다고 합니다.

'이런 추세로 짧아진다면, 백 년 후에는 거의 제로 상태가 되지 않을까'라는 설도 있습니다. 요즘 단위생식(암컷으로만 번식할 수 있다는 것)을 하는 생물들이 하나둘 발견되고 있습니다.

'초식남이 늘고 있다'는 말을 들을 때마다 나는 남자의 상징인 Y염색체가 해마다 짧아지고 있다는 사실이 떠오릅니다.

지금 일본 여성의 평균 수명은 87세입니다. 한편 남성은 80세입니다. 수명에 7살이라는 성별 차이가 있습니다(다음 그림 참조). 차이가 별 것 아니라고 생각하시는지요? 아닙니다. 이 '7살'은 꽤 큰 숫자입니다. 7/80로 생각해 보면 약 9퍼센트입니다.

일본의 소비세가 8퍼센트에서 10퍼센트로 오른다고 큰 소란이 일고 있습니다만, 남성은 선천적으로 소비세 이상의 핸디캡을 짊어지고 있는 것입니다. 아주 불공평하다고 생각하지 않으시나요? 그런데 그렇게 문제가 되지는 않습니다(웃음).

'남녀평등사회'라고 할 때 '여성도 남성도 같이 활약할 수 있는 차별 없는 사회'라는 의미로 사용하기 쉽지만, 실은 남성 쪽이 허약하고 빨리 죽기 쉽습니다. 비애의 생물입니다.

일반적으로 정계로 눈을 돌리면 대부분이 남성이고, 대기업의 경영자도 남자가 많습니다. 의사도 남성이 많고 의대 교수도 남성이 많습니다(의대 입시 시험 점수만으로 평가한다면 여성으로만 구성되어야 할 것 같습니다. 입시에서는 여성 쪽이 우수하니까요).

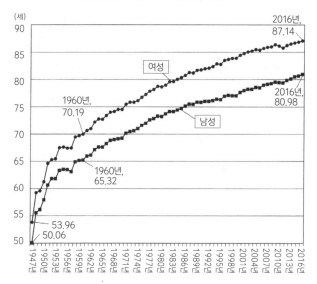

평균 수명 추이(1947~2016, 일본)

이런 일본 사회의 현상에 대해서 여성들이 '불평등하다!'고 여기는 기분도 잘 이해합니다. 하지만 짧은 Y염색체를 가지고 태어났기에, '단명에 끝나는 손실을 불평등으로 보충하는구나' 생각하며 때로는 눈감아 주십시오. 수컷은 실로 부질없는 동물입니다.

WHO(세계보건기구)가 발표한 2015년 자료에서 회원국 194개국 중 남성이 더 오래 사는 곳은 통가(Tonga) 왕국뿐입니다(여성 70세, 남성 74세).

저는 재택 의사로 일부 노인 시설에도 왕진하고 있습니다만,

어디를 가도 대개 7:3이나 8:2 비율로 여성이 많습니다. 할머니들이 바글바글 모여 수다의 꽃을 피우는 시설 거실의 구석에서 소수파의 할아버지들은 잘못이라도 한 듯이 움츠리고 앉아서 조용히 사극 드라마를 보고 있곤 합니다. 그런 광경을 보면, '저 사람도 건강했을 때는 남자라고 으스댔겠지' 하고 좀 너그럽게 봐주십시오. '어차피 먼저 죽는 거니까……' 이렇게 혼자 중얼대는 저도 있습니다.

이 절의 소제목 '여자는 실체지만, 남자는 현상이다'는 이미 고인이 되신 그 유명한 면역학 학자이신 다다 도미오 선생님의 말입니다. 그의 책을 조금 인용해 보겠습니다.

> 남자라는 성은 번거로운 과정을 밟아야 간신히 실현되는 하나의 상태에 불과하다. 인체가 발생하는 과정에서 어떤 일도 없다면 인간은 모두 여자가 되어버린다.
> 인간의 자연체는 여자이며 남자는 여자를 가공하여 간신히 만들어진 작품이다. (중략) 남자 안에는 반드시 원형으로서의 여자가 남아 있기 때문에 여자를 배제하는 일은 할 수 없다.
> —다다 도미오, 『생명의 의미론』

현상으로밖에 살 수 없으므로, 조용히 고독하게 죽어가는 것이 남자의 운명일지도 모릅니다.

히노하라 시게아키 선생님을 목표로 삼는 것은 그만두자! 남자는 노쇠로 죽지 않는다!?

남성이 태어나면서부터 불평등하다고 해도, '하지만 히노하라 선생님처럼 장수하는 남성도 있잖아!' 하고 생각하는 분도 있을지 모릅니다.

바로 세이로카 국제병원 명예원장이었던 히노하라 시게아키(日野原重明) 선생님입니다. 저에게 항상 의학의 심오함을 가르쳐준 영원한 스승이며 동경하는 분이십니다. 그런 히노하라 선생님이 2017년 7월, 105년 9개월의 삶을 마감하고 하늘로 불려 가셨습니다.

지금 일본에는 '백수자(百寿者)', 100세 이상의 사람은 전국에 6만 8천 명 있습니다. 이 반세기 동안 해마다 증가하고 있습니다. '인생 100년 시대'라고 할 정도로 100년 사는 것이 드물지 않게 되었지만, 백수자의 90퍼센트는 여성입니다. 남성은 10퍼센트밖에 되지 않습니다. 즉, 남성에게 백수자는 아직도 좁은 문입니다. 특히 히노하라 선생님처럼 105세까지 사는 남성은 전국에 250여 명 정도에 그치고 맙니다. 2010년 인구 조사에서 105세 이상인 사람은 2,564명으로 그중 여성이 2,311명, 남성은 겨우 253명입니다.

예외 중의 예외인 한 사람이 히노하라 선생님입니다.

100세를 넘어서도 계속 의사로서 전국에서 강연하고 책도 내고, 98세부터 하이쿠도 시작했습니다. 104세에 발표한 하이쿠는 「나에게 여생은 없지요. 이제부터야」입니다.

세에로카 국제병원을 방문했을 때, "'이제는 나이가 있어서 새로운 것을 할 수가 없어' 그렇게 생각한 순간부터 인간은 늙는 법이야. 그러니 나가오 씨도 의사로서 계속 도전해" 하고 고마운 격려의 말씀을 하셨습니다.

'히노하라 선생님처럼 살고 싶다'고 동경하면서도 한편으로 '말은 그렇게 해도 현실적으로는 어렵다'고 생각합니다. 역시 히노하라 선생님은 예외 중의 예외, 기적적인 생애의 현역 인생입니다.

사실 '생활 습관병'이라는 말을 만든 것도 히노하라 선생님이었습니다.

'아침·점심 식사를 적게 하고 저녁 식사는 잘 먹는다'는 식습관을 비롯해 수면과 운동 등 하루하루를 소중하게 생각한 결과가 장수로 연결됐는지도 모릅니다. 하지만, 이런 히노하라 선생님도 사망 진단서에 기록된 사인은 노쇠가 아니라 호흡 부전이었습니다(병원 의사는 사망 진단서에 노쇠가 아닌 뭔가 병명을 써야 한다고 생각하는 사람이 많기 때문입니다).

　'노쇠'라는 사인도 압도적으로 여성들이 많습니다.

　많은 남성은 노쇠에 이르기 전에 암이나 심근경색, 뇌졸중으로 죽을 것입니다. 이렇게 장수하신 선생님조차 사인에 노쇠라고 써주지 않았던 것은 남성이 노쇠와 거리가 멀다는 것을 상징하는 것처럼 느껴집니다.

남성도 '아디포넥틴' 호르몬을 획득하라!

저는 강연회를 시작하면서 참가자들에게 좀 거칠지만, 다음과 같은 질문을 자주 합니다. "죽을 때 암이 좋습니까? 아니면 치매가 좋습니까?"

한 가지만 손을 들라고 합니다.

어떤 강연회든 매번 인기가 있는 쪽은 '암' 80퍼센트, 나머지 20퍼센트는 '치매'가 거의 평균을 이루고 있습니다.

지금까지 단 한번 치매가 이겼던 적이 있었는데, 그건 가고시마현(鹿児島県) 가노야(鹿屋) 시에서의 일입니다. 가노야 시는 치매 계발 활동을 아주 열심히 하고 있었으며, 치매를 가까이 있는 질병으로 인정하고 있었습니다. 이곳을 제외하면, 어떤 장소에서도, 대상이 일반인이든 의료자이든, 전반적으로 인기 있는 것은 암이며, 치매는 인기가 없습니다. 그런데 그런 중에도 치매 쪽으로 손을 드는 남자가 가끔 있습니다. 드물기 때문에, 눈에 확 들어옵니다.

참고로 저도 옛날에는 죽을 때는 암이라고 생각했었습니다. 하지만 50대 후반에 들어서면서 치매로 죽고 싶다고 전향하게 되었습니다. **남성 대부분은 치매가 되기 전에 죽을 거니까 치매가 걸릴 때까지 살 수 있다는 것은 어떤 의미에서 경사스러운 일이라고** 생각하게 되었습니다.

평소에 남을 돌봐주는 편이 많으므로 장수하면서 젊고 귀여운 간호사 등에게 도움을 받고 싶고, 잘 돼서 간호를 받을 수 있다면…… 하고 생각합니다. 기분 나쁘게 생각하지 마십시오. 남자도 여자도 죽을 때까지 성욕은 있습니다. 반대로 성에 관심이 없어졌다면 죽음이 가깝다는 것입니다.

젊은이의 치매는 제외하고, 노화에 수반되는 치매를 생각한다면, 80대, 90대까지 생존해야 합니다. 지금 90세까지 생존하면 60퍼센트 정도의 사람이 치매를 겪는다고 알려졌지만, **많은 사람은 치매에 이르기 전에 암이나 뇌졸중, 심근경색으로 죽어 버립니다.**

암이 국민 질병이라고는 하지만 국민 질병이라기보다는 남성에게 많은 질병입니다.

2명 중 1명이 암에 걸리고, 3명 중 1명은 암으로 사망합니다.

자주 언급하지만, 여러분도 한번은 들어 본 적이 있을 것입니다. 차근차근 통계를 보면 남성과 여성은 꽤 차이가 납니다. 나이별 암으로 인한 사망률은 남성은 50대 정도부터 쑥 올라갑니다.

뇌졸중이나 심근경색도 마찬가지입니다.

암이나, 뇌졸중이나 심근경색도 생활 습관병입니다. 폭식이나 흡연, 비만, 운동 부족, 수면 부족 등 나쁜 생활 습관으로 인해 고혈압이나 당뇨병, 고지혈증 등을 가지고 있고, 이것이 악화된 결과 암이나 뇌졸중, 심근경색 등의 중병이 됩니다. 남성은 이런 코스로 따라가기 쉽습니다.

이런 생활 습관병을 예방하기 위해 '배 둘레가 85센티미터(여성의 경우는 90센티미터)'를 하나의 기준으로 삼고 건강 진단을 하고 있는데, 이것은 사실 남성을 염두에 둔 검진입니다.

왜 여성과 남성에게 이렇게 죽음의 원인이 다른 것일까요?

그 열쇠가 지방 세포에 있다는 것을 가까스로 알게 되었습니다. 지방 세포에서 분비하는 '아디포넥틴'이라는 호르몬입니다. 제가 졸업한 오사카대학 제2내과에서 발견했습니다. 이 호르몬은 지방 연소를 촉진하거나 인슐린의 작용을 높여 제2형 당뇨병을 예방하거나, 혈관 내의 벽을 복구하는 기능을 높여 심근경색이나 뇌경색을 예방하는 것으로 최근에 밝혀졌습니다. 그래서 방송에서는 생활 습관병의 위험을 낮춰 준다는 의미에서 '장수 호르몬'이라고도 합니다.

그리고 이 아디포넥틴이 남성보다도 지방 세포가 많은 여성 쪽이 30퍼센트나 높다는 사실이 최근 연구에서 밝혀졌습니다.

더욱이 남성 호르몬의 대표 주자인 테스토스테론이 아디포넥틴의 분비를 억제하고 있을 가능성이 있다고 지적되었습니다. 결국, 남성은 남자다움에 대한 대가로 장수를 포기했다는 것인가? …… 이런 학설은 틀렸으면 좋겠습니다만.

테스토스테론과 아디포넥틴의 관계에 관해서는 향후 연구 성과가 기다려지는 부분입니다. 하지만, 어쨌든 남성은 생활 습관병이 원인이 되어 발생되는 암, 뇌졸중, 심근경색으로 죽기 쉬운 동물입니다.

무리하더라도 걷거나, 식생활을 조심해서 비만을 예방하고, 여성보다 적은 아디포넥틴을 증가시키는 생활 습관을 의식합시다.

치매에 걸린 아내, 암에 걸린 남편

텔레비전 만화 『도라에몽』의 성우로 26년간 연기한 여배우 오오야마 노부요(大山のぶ代) 씨는 배우 사가와 게이스케(砂川啓介) 씨와 함께 잉꼬부부로 자주 TV에 나왔었습니다.

두 사람은 자녀가 없었으며 사가와 게이스케 씨가 계속 혼자서 간병하고 있었던 것 같습니다. '남편의 헌신적 사랑!'으로 지난 몇 년간 방송에서 화제가 되기도 했지만, 그 사가와 게이스케 씨가 2017년 7월 먼저 세상을 떠났습니다.

노부요 씨가 알츠하이머형 노인 치매로 진단된 것이 2012년 가을이고, 이듬해인 2013년에 사가와 씨의 위암이 발견되었습니다. 수술을 받을 수 있었는데, 그 후에 요도관에서 암이 발병된 것 같습니다. "나는 아내에게 단 한 명의 가족입니다. 내가 노력하지 않으면 안 됩니다"라고 늘 말하고 있었는데 얼마나 아쉬웠을까요? 시설에 맡겨진 아내를 날마다 걱정하면서 혼자 암 투병을 계속하며 자신의 병을 모르는 아내보다 먼저 떠난 것입니다……. 어떤 의미에서는 이것도 남자의 고독사라고 말할 수 있는 것 같습니다.

마을 의사를 하고 있으면, 사가와 씨, 노부요 씨 같은 부부와 똑같은 부부를 가끔 만납니다. 부인이 치매에 걸려 남편이 간호하고 있다가, 어느 날 남편 쪽이 암이나 심근 경색으로 먼저 앞질러 가버립니다. 현대 일본 부부의 마지막 장의 흔한 모습입니다.

사가와 씨의 경우는 어떠했는지 제대로 알 수 없지만, 간병이 서투른 남편이 많습니다. '남편이 간병하는 것은 싫다!'고 하는 여성들의 기분을 잘 알 것 같습니다. 뭘 가지고 서툴다고 할까요. '누구에게 상담도 하지 못하고, 혼자서 끙끙대기만 하는' 것입니다. 자녀나 형제에게 도와달라고 말도 하지 못합니다. 또한 일이 바빠서 아내와 함께하지 못했던 남편이 지금까지의 잘못을 용서받으려는 듯 지나치게 열심히 하는 경우도 있습니다. 치매 걸린 아내를, 마치 인형 다루듯 대하다가 도중에 완전히 탈진해서 포기해버립니다.

일본에서의 고독사는 남성 70퍼센트, 여성 30퍼센트라고 앞서 이야기했습니다만, 실은 **'간병 살인'이나 '동반 자살'을 일으키는 경우도 70퍼센트가 남성**이라는 데이터가 나와 있습니다.

자신의 건강관리나 생활능력에 자신이 없는 남성은, 잘하지 못해도 아내를 혼자 간병하겠다는 생각만은 하지 말아야 합니다. 고독사란 그 사람 생활방식의 연장일 경우가 많고, 부정할 생각은 없지만 '간병 학대', '간병 살인'은 범죄입니다. 아내와 떨어져 사는 것도 서로 행복한 노후를 보낼 수 있는 한 가지 방법임을 기억하십시오.

아내보다 먼저 가는 것이 첫 번째 고독 회피!?

배우자를 잃고 나면 누구나 몹시 슬퍼하며 우울해합니다. 계속 독신으로 인생을 살아온 사람에 비하면 고독함에 익숙하지 않기 때문에 몇 십 년 동안 붙어 있던 사람을 잃으면 정신적인 충격이 크게 됩니다. 재택 의사로서 남편이 먼저 사망한 경우와 아내가 먼저 사망한 경우, 양쪽 모두 많이 보아 왔습니다. 두 경우 모두 남아 있는 쪽이 우울증을 겪습니다.

그로부터 1년이 지난 후에는 남녀의 차이가 납니다.

부인을 먼저 보낸 남성을 보고 있으면 정말 애처롭습니다. 정말 말할 수 없는 애수가 감돕니다. 혼자된 외로움과 더불어 영양 면이나 위생 면에서도 단번에 나빠지고 늙어가는 것 같습니다. 별로 사이가 좋지 않았던 부부도 마찬가지입니다.

반대로 남편을 먼저 보낸 여성은 1, 2년이 지나면 건강해져서 결혼생활을 하고 있을 때보다 이상할 정도로 젊어지는 경우가 많습니다. 남편의 억압에서 해방되어 활달해진 것입니다. 최근 연상의 아내도 증가하고 있습니다만, 곧 정년을 맞이하는 비슷한 연령대 부부의 경우에는 남편이 아내보다 3살 정도 연상이 되는 짝이 많습니다. 남자는 3살 연하의 여성과 결혼해서 7년 일찍 세상을 떠나버리기 때문에, **여성이 미망인으로 지내는 기간은 평균 10년 정도입니다.**

지금까지 가사일 뿐만 아니라, 남편 시중까지 들어온 부인으로서는 배우자가 없어 외로워지는 반면, 남편의 시중으로부터 해방되어 자유 시간을 얻어, 스트레스가 사라졌을지도 모릅니다. 처음에는 '외로움'에 울고 있던 사람도 1년쯤 지날 무렵에는 확실히 건강해지고, 먼저 화장이나 옷차림이 조금씩 변하며 예뻐집니다. '할머니'에서 완전한 '여성'으로 돌아와 제2, 제3의 인생을 시작하는 사람을 보면, 오오카 에치젠노카미(大岡越前守)의 어머니를 생각하게 됩니다.

오오카 에치젠노카미가 부정을 저지른 여성을 어떻게 재판해야 할지 고민이 되어, 어머니에게 "여자는 언제까지 성욕이 있습니까?" 하고 묻자, 어머니는 말없이 화로의 재를 뒤적였습니다. 그리고는 "재가 될 때까지!"라고 말했습니다. 인생의 동반자를 먼저 보내면 남자는 점점 시들어가지만, 여자는 시들어 있던 꽃이 다시 피는 것 같습니다.

아무리 사랑하던 남녀라도 섹스에서 함께 즐기던 것처럼 노후에 함께 늙어 같이 저세상으로 가는 것은 옛날 이야기에나 있을 법한 일이겠지요. 섹스에서는 남성이 여성을 먼저 보내주지만 저세상으로는 여성이 남성을 먼저 보내주는 것이 바른 남녀의 관례인 것 같습니다.

이렇게 말해도 지카마쓰 몬자에몬(近松門左衛門)의 이야기 중에는 '함께 저승으로 가는 이야기도 있지 않습니까' 하고 생각하는 사람이 있습니다. 『소네자키 동반자살(曾根崎心中)』에서 지금 이 세상에서 인연이 이어지지 않았기 때문에 함께 죽으려고 한 것이지만, 이것은 엄밀히 말해서 동시에 죽은 것이 아닙니다. 지카마쓰의 이야기인 경우 남자가 여자를 보내주고 죽었습니다.

그러고 보니 제가 부회장을 맡은 **일본 존엄사협회도 현재 약 12만 명의 회원이 있습니다만, 남녀 회원 비율은 정확히 1:2입니다.** 여성들이 종말기 문제에 대해 관심이 높기 때문이겠지요. 앞에서 말한 것처럼, 종활 세미나가 여성들로만 구성되어 있는 것과 같은 이치입니다. 한편 일본 존엄사협회 임원을 소개하면 남성들이 주류를 이루고 있는 것이 신기합니다. 대표이사도 부이사장도 모두 남자입니다. 11명의 이사 가운데 여성은 2명뿐입니다. 역대 이사장도 모두 남성이었습니다. 일본 존엄사협회에 등록되어 있는 남성 회원의 대부분은 아내에게서 부부회원이 되자는 권유를 받고 가입한 회원이 많을 것 같습니다. 독신 남성 회원으로 있는 사람은 귀한 존재입니다.

그런 가운데 거물 독신 남성이 일본 존엄사협회의 회원임을 알려 드립니다. 고이즈미 준이치로(小泉純一郎) 전 총리입니다. 고이즈미 씨는 10년간 일본 존엄사협회의 회원입니다. 2016년 가을 고이즈미 씨와 죽음에 대해 대담을 했습니다. 그때 그는 이런 얘기를 했습니다.

"나는 동물 다큐멘터리를 좋아하는데, 사자의 생태를 오랫동안 쫓은 영상기록이 강하게 인상에 남아 있습니다. 암사자 무리를 거느리던 수컷 보스 사자도 점점 나이가 들고 늙어지면, 떠돌아다니는 젊은 수컷과의 싸움에서 지고 무리를 빼앗게 됩니다. 심하게 상처를 입은 보스는 먹이를 잡지도 못한 채 무리에서 멀리 떨어져 있다가, 기생충이 눈과 코에 달라붙어 괴롭혀도 털어버리지도 못하고 있다가 죽어 갑니다. **단식 상태에서는 통증을 느끼지 않는 것일까요.** 저런 동물을 보고 있으면, 스스로 먹이를 잡지 못하게 되면 자연스럽게 죽어 가는 것이 자연의 큰 섭리 같더군요."

그리고 고이즈미 씨도 "마지막에는 사자처럼 죽어 가고 싶군요!"라고 말했습니다. 그래서 일본 존엄사협회에 들어온 것이라고. 남성이면서도 이만큼 자신의 최후에 대해 제대로 된 이미지를 안고 있는 고이즈미 씨는 역시 비범한 사람이라고 느꼈습니다. 그 표정이 고귀한 사자처럼 보였습니다.

　고이즈미 씨의 얘기를 듣고서 다시 생각했습니다만, 야생 동물은 당연한 듯이 혼자 조용히 죽어 갑니다. "고독사는 무서워, 겁난다"고 하는 것은 수컷 인간뿐일지도 모르겠습니다.

관심이 '성(性)'에서 '정(靜)'으로 바뀌면 요주의

주간지는 연장자의 성을 부추기는 듯한 특집을 자주 다루고 있습니다. 하지만, 기사에 자극을 받고 '좋아, 나도 열심히 해볼까!' 하는 사람은 점점 없어지는 것 아닌가 싶습니다.

의사로서 다양한 사람을 만나면 50세를 지날 무렵부터 남성의 관심은 '성'보다는 '정', 즉 마음 설레는 것에서 마음이 차분해지는 쪽으로 기울어집니다. 예를 들어, 명상과 마음 챙김이 최근 매우 인기를 끌고 있습니다. 골프와 운전, 스포츠 관전, 낚시 등에 열중할 것 같지만, 어느새 분재, 바둑, 장기, 단가, 회화 등 젊었을 때 하고 싶었던 것들과는 달라졌다는 사람도 많습니다.

나이를 먹을수록 조용한 시간을 선호하게 되는 것은 자연스러운 일이겠지만, 남성들이 정적인 방향으로 옮겨가는 것이 옛날보다 빨라지고 있는 것 같습니다. 스트레스 과다 사회에 있으므로 더 빨리 '정'을 원하는지도 모릅니다.

여성은 나이가 들어도 가슴이 두근거리는 호감을 느끼고 있는 것처럼 생각됩니다. 재택하며 진단하는 할머니의 방에는 히카와 기요시(氷川きよし) 씨의 포스터가 곧잘 붙어 있곤 합니다. 세상 여성들의 안티 에이징에 가장 이바지하고 있는 사람은 히카와 기요시 씨라고 생각합니다.

노인시설에 왕진을 가서 기운이 없는 할머니에게 "준, 준, 준…… ♪" 하고 노래를 하면 즐거워합니다. 그러나 제 얼굴은 봐주지 않습니다(웃음). 누워만 있는 할머니도 가요 프로그램을 보거나 한류 드라마를 보거나 하면서 가슴 설레어 합니다. 그리고 이런 저를 시설에서 기다려 주는 할머니도 여러 명 있습니다. 일전에도 90세 할머니께서 '결혼해 줘요' 하고 말씀하셔서 "할머니, 몇 살?" 하고 물으니, "벌써 24살인데…"라며 진지한 얼굴로 말하고는 얼굴이 빨개졌습니다.

이렇게 여자는 몇 살이 되어도 가슴이 설레는 것을 잊지 않고 화려해지는 반면, 남자는 설레기는커녕 포기하는 기분으로, 냉소적이 되어 가는 것처럼 보입니다.

그냥 불쌍한 부분도 있고, 설레는 할머니는 사랑스럽게 비치는 반면 설레는 할아버지는 전두측두엽치매로 오해받거나 어린이들이 기분 나빠합니다. 역시 남자는 불쌍한 생물입니다. 남성 역시 몇 살이 되건 가슴 설레어도 좋다고 생각합니다만.

어쨌든 관심이 '성'에서 '정'으로 옮겨가면 '아, 갱년기에 접어들었을지도 모르겠다는…' 생각으로, 그 앞의 인생에도 눈을 돌려보십시오.

왜 '남자 아줌마'와 '여자 아저씨'로 되어 가는 것일까?

병원 진찰실에 마치 고양이처럼 부인에게 목덜미를 잡혀 끌려오는 남자가 가끔 있습니다. 고양이는 목 뒤를 잡히면 얌전해지는데 부인에게 목덜미를 잡혀 온 남성도 시키는 대로 진찰실의자에 앉아 가만히 있습니다. 이런 부부를 보면 '아, **테스토스테론 수치가 역전하는 부부구나**' 생각합니다.

이미 앞에서도 살펴봤지만, 테스토스테론은 남성 호르몬의대표격입니다. 남자다움을 담당하는 호르몬이라고 할 수 있습니다. 구체적으로는 뼈와 근육을 유지하며, 성욕과 성 기능을유지하고, 혈액을 만들고, 비만 예방 등의 기능을 담당합니다. 남성 호르몬 연구의 권위자인 준텐도(順天堂) 대학의 호리에 시게오(堀江重郎) 교수에 의하면, 테스토스테론이 '사회성'을 지지

하고 있다는 사실도 알 수 있습니다. 과학 잡지『네이처』에 발표된 연구에 따르면 테스토스테론 값이 높아지면, 피해 지역에서 자원봉사 활동과 불우 이웃에 대한 기부 행위 등의 '이타적인 행동'을 하고 싶은 마음이 솟구쳐 오르는 경향이 있다고 합니다.

여성 호르몬의 대표격은 에스트로겐입니다. 생식 기능을 주관하는 이 에스트로겐은 흔히 애정 호르몬이라고 하는 옥시토신을 꾀하는 기능이 있습니다. 옥시토신은 사회성을 촉진하는 테스토스테론에 비해 우리 아이를 위해, 사랑하는 사람을 위해, 가까운 사람에게 자신을 희생할 수 있는 일을 하게 합니다.

여기에서 잊지 말아야 할 것은 **남성에게도 옥시토신이 여성에게도 테스토스테론이 있다는 것입니다.** 따라서 남성 호르몬, 여성 호르몬이라고 부르는 것은 잘못이라고 주장하는 전문가도 있습니다. 여성은 50세 전후로 에스트로겐 분비량이 급격하게 저하하고 폐경을 맞이합니다. 그 영향으로 몸이 차가워지고, 초조해하며, 발한, 나른함 등 여러 가지 부조화로 인해 갱년기 장애가 일어나는 것은 여러분도 잘 아실 것입니다. 에스트로겐이 급격히 감소하는 반면, 여성의 체내에서 테스토스테론 값은 별로 바뀌지 않습니다. 따라서 50세를 넘기는 즈음해서 자연스럽게 테스토스테론이 여성의 뇌 안에서 우위를 차지하게 됩니다. 결국, 여성이 50대부터 활동적으로 되고, 사회성이 높아지며 남자 같은 아줌마가 되어 가는 것은 자연의 섭리입니다.

한편, 일부 남성에게도 갱년기 장애가 있다는 것은 별로 알려져 있지 않습니다.

나이가 많아지면서 여성 호르몬이 감소하는 영향으로 여성에게 갱년기 장애가 일어나는 것처럼, 남자도 남성 호르몬 감소로 갱년기 장애가 일어납니다. 이를 **LOH 증후군**이라고 합니다.

그러나 남성의 경우 여성과 달리 에스트로겐이 우위를 차지하는 일이 별로 없습니다. 그저 시들어갈 뿐입니다⋯⋯. 여성의 에스트로겐 감소는 급격하게 일어나지만, 남성의 테스토스테론 감소는 비교적 완만하게 일어납니다. 그래서 여성과 비교하면 갱년기 증상을 알기 어려웠던 것이 지금까지 간과되어 온 이유 중 하나입니다.

부연하자면 앞에 나온 호리에 시게오 박사에 따르면, 직업에 따라 테스토스테론 수치가 특징을 보인다고 합니다. 화가, 음악가, 배우 등 예술 분야에서 일하는 사람들은 대체로 테스토스테론이 높다고 합니다.

반대로 테스토스테론이 대체로 낮은 직업은 교사, 목사, 의사 등 '선생님'이 붙은 직업인(실망입니다)입니다. 그러나 생활 방식에 따라 테스토스테론이 높아지거나 낮아지거나 한다는 사실도 알려져 있습니다. 가족과 동거하고 있는 사람과 근무지에서 혼자 사는 사람 중에서는 후자가 테스토스테론이 높아지기 쉽습니다. 이렇게 살펴보면, 예술적 창조성과 사냥 본능에서 오는 행동력(활동력)이 테스토스테론과 깊은 관계가 있다는 것을 알 수 있습니다.

또한, 여성의 갱년기에 해당하는 시기는 '50세 전후 5세', 즉 45세에서 55세로 알려졌지만, 남성의 갱년기는 더 넓습니다. 40세부터 70세까지의 사이로, 사람에 따라 상당히 차이가 있습니다. **여성의 갱년기는 여름의 태풍으로, 남성의 갱년기는 가을장마로 비유**되는 것도 수긍이 갑니다.

남성의 갱년기는 개인차가 크며, 나이나 증상의 개인차도 크고, 폐경이라는 알기 쉬운 표시도 없으므로 의료 기관에서도 간과하기 쉽습니다.

그래서 부부 사이에서도 오랜 생활 중에 아내의 테스토스테론 수치가 남편보다 높아져 간다는 역전 현상이 일어날 수 있습니다.

여기서 아야노코지 기미마로(綾小路きみまろ) 씨를 기억하는 독자 분은 분명히 저와 같은 마음일 것 같습니다. 그의 '폭소 부부' 소재의 대부분은 부부간의 테스토스테론 역전을 개그로 한 것입니다.

처음 만날 무렵 아내는 먹고 싶을 정도로 귀여웠다. 그로부터 40년이 지난 지금은, 그때 먹었으면 좋았을 것을.

옛날에는 따뜻한 밥에 포근한 새댁, 그로부터 40년, 집에서 따뜻한 건 좌변기뿐.

"여보 여기에 차려 놓았어요." 그로부터 40년, 지금은 뭐든지
툭툭 던지는 아내.

"차 한 잔 줘요"에 120엔 주는 아내.

아야노코지 기미마로 씨는 대단합니다. 의사들이 남성 건강
에 주목하기 훨씬 전부터 부부 사이의 테스토스테론 역전 현상
을 본능적으로 이해하고 있었으니까요!

테스토스테론 역전 현상은 행동뿐만이 아닙니다. 몸매와 얼
굴까지 달라집니다. 여성에게 수염이 나거나 눈빛이 날카로워
지거나 체모가 짙어지거나 하며 반면에 남성은 가슴이 부풀어
오르거나, 얼굴이 온화하게 되거나, 몸매가 둥그스름하고 두루
뭉술해집니다.

진찰실에 오는 사람이 남자인지 여자인지 알아보기 어려운
경우도 많아 의료 기록의 이름을 재차 확인해 보는 일도 자주 있
습니다.

요컨대 성구별이 묘하게 되어 여자인데 아저씨 같은 '여자 아
저씨'와, 남자인데 아줌마 같은 '남자 아줌마'로 되어 가는 것입
니다.

그리고 안타깝게도, '남자 아줌마'는 '여자 아저씨'에게 절대
로 상대가 될 수 없습니다.

상시 복용하는 약이 남자의 아줌마화를 가속화한다!?

약 때문에 '**남자의 아줌마화**'가 진행될 수도 있습니다.

예를 들어 파모티딘 등 위장약이나 니페디핀 등 혈압을 내리는 약의 부작용으로 남성의 가슴이 여성처럼 커질 수 있습니다. '여성화 유방'이라고 합니다.

약 중에서, '**프로페시아**'를 먹는 사람은 없습니까?

남성형 탈모증(AGA)의 대표적인 치료제입니다. TV 광고에서도 흔히 볼 수 있습니다. 남성 호르몬 '테스토스테론'에서 더 작용이 강한 '디히드로테스토스테론'이 합성되는 것을 억제하여 남성 호르몬의 작용을 억제하고, 남성형 탈모를 예방하는 증모 약입니다.

오랫동안 복용하면 계속 머리카락이 자라기 때문에 남성형 탈모증에 잘 듣는 약으로 알려져 있습니다. 그런 반면, 좀 곤란한 부작용도 있습니다. 남성 호르몬 작용이 억제되는 것으로, 성욕도 없어지고, 남성 기능도 저하되는 부작용이 있다고 알려져 있습니다. 여성에게 인기를 얻고 싶어서 프로페시아를 복용하기 시작했는데, 머리가 나왔을 무렵에는 완전히 여성화되어 성욕 감퇴로 인기를 얻고 싶다는 생각 따위는 전혀 하지 않게 되니……, 참으로 아이러니한 일입니다. 결과적으로는 좋을지 나쁠지 알 수 없습니다.

최근 남성에게 급증하고 있는 전립선암의 치료에서도, 남성 호르몬을 억제하는 호르몬 치료가 이루어지고 있습니다. 여기서 내 말이 맞는다면, 원래 남성 호르몬이 많은 남성이 전립선암에 더 잘 걸리는 것은 아닙니다. '전립선암에 걸리기 쉬운 것'과 '남성 호르몬의 양'은 관계없지만, 일단 전립선암에 걸리면, 남성 호르몬이 암을 크게 하는 기능을 하고 있습니다. 이를 위해서 호르몬 치료로 남성 호르몬을 억제하지만, 그러면 모든 몸매가 여성스럽게 되고, 남자의 아줌마화가 되는 것입니다.

그런 이유로 갱년기 이후 호르몬 균형의 변화와 약물치료의 영향으로 남성은 아줌마화 되기 쉽습니다. 늙으면 남자다운 남자는 그야말로 멸종 위기입니다. 연예계에서도 퍼뜩 떠오르는

현역은 기타노 다케시(きたのたけし) 씨 정도일까요. 그렇게 노화를 거슬러 수컷을 유지하면서 80대를 맞이하는 것은 어려운 일입니다.

마음과 하체를 억압하는 것이
테스토스테론을 감소시키고 있다!?

테스토스테론이 감소하는데, 어떻게 해야 좋을까요? 물론 병원에 가서 보충요법을 받는 것도 유효합니다.

그러나 우선은 테스토스테론이 감소하지 않도록 생활습관에 항상 마음 써야 합니다. 무엇보다도 스트레스가 좋지 않습니다. 불필요한 스트레스에 계속 노출될 경우, 자율신경 중에서 교감신경만 활발해지고 테스토스테론 분비는 감소합니다. 부교감 신경이 작동하도록 휴식 시간을 갖는 것이 중요합니다. 덧붙여, 정신적인 압박은 물론 속옷도 꽉 끼는 것은 좋지 않습니다. 꽉 끼는 삼각팬티도 좋지 않습니다. 무엇이든지 단단히 죄는 것은 좋지 않습니다.

테스토스테론 수치를 올리려면 꼭 맞는 남성용 팬티보다는 트렁크 팬티를, 그러고 보면 옛날 속옷은 전혀 조이지 않는 이상적인 것입니다.

또한, 테스토스테론은 밤에 자는 동안 만들어집니다. 그래서 수면이 중요합니다. 수면이 부족하면 테스토스테론이 충분히 만들어지지 않습니다. 스트레스는 수면 부족도 초래하므로 스트레스가 계속되면 두 가지 의미에서 테스토스테론을 감소시킵니다.

그리고 테스토스테론은 주로 고환(정소)에서 만들어지는데 정소는 열에 약합니다. 온도가 올라가면 테스토스테론을 만드는 기능이 약해집니다. 사우나 좋아하는 남성이 많은데 그건 천천히 조금씩 테스토스테론을 감소시키는 것입니다. 흔히들 '몸을 차게 하지 않는다', '따뜻하게 하는 것이 중요하다'고 하는데 고환에 관한한 반대입니다.

덧붙여서, 여성의 난소는 몸 안에 있는데, 남성의 정소가 몸 밖으로 나와 있는 것은 체온보다 조금 낮게 유지하기 위해서라고 알려져 있습니다. 그리고 고환에 주름이 많은 것도 온도 조절을 위한 것입니다.

고환의 기능을 유지하고 테스토스테론 수치를 높이기 위해서는 사타구니 온도를 올리지 않는 것입니다. 열차를 타면 노트북을 허벅지에 올려놓고 열심히 작업하는 사람을 볼 수 있는데 이것은 컴퓨터의 열로 사타구니 온도가 상승하기 때문에 좋지

성 호르몬 감소와 함께 발병하기 쉬워지는 주요 질병 및 증상

(LOH 증후군의 병태)

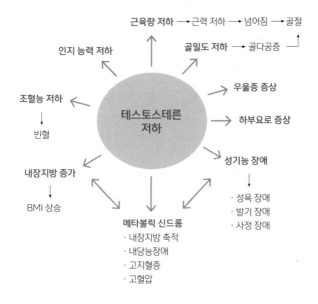

않습니다.

스트레스를 누적시키지 않는다. 조이지 않는다. 잘 잔다. 온도를 올리지 않는다.

이것이 테스토스테론 수치를 낮추는 생활의 기본입니다.

부연하자면 나이가 들어도 사랑하는 마음을 가져야 합니다. 50세 이후 여성이 쟈니스나 한류 아이돌에 흥분하는 이유는 테스토스테론이 우세해지고 있다는 증거입니다. 남성도 타인에게 민폐가 되지 않을 정도로 언제나 사랑의 설렘을 가져서 테스토스테론을 늘려 안티에이징이 됩시다.

당신의 남성 갱년기 수준을 점검하자!

이 테스토스테론 저하가 초래하는 것은 남성의 아줌마화뿐만이 아닙니다. 일에만 빠져 외곬 인생을 살던 남자가 정년 후 집에 틀어박혀 있으면, '정년 후 우울증'에 빠져 버리는 경우가 적지 않습니다. 고독사로도 직결되는 문제입니다.

게다가 **테스토스테론이 높은 사람은 뇌경색이나 심근 경색에 걸릴 위험이 절반으로 줄고, 암에 걸릴 비율도 30퍼센트나 감소**한다는 등의 보고도 있습니다. 테스토스테론이 저하되지 않았는지 아닌지를 간단히 알아보는 테스트가 있습니다. 'AMS(Aging Males' Symptoms) 점수'라고 합니다. 테스토스테론의 감소로 인한 남성 갱년기 장애(LOH 증후군) 여부를 확인하는 것입니다.

합계가 50점 이상인 사람은 테스토스테론 수치가 저하되어 있을 가능성이 매우 크다고 생각합니다. 솔직히 저도 좀 그렇습니다. LOH 증후군인지도 모르겠습니다.

그러나 이것은 어디까지나 하나의 기준일 뿐입니다. 실제로 테스토스테론 값은 혈액 검사 등으로 외래 진료에서 쉽게 확인할 수 있습니다. 궁금하신 분은 '남성 건강 외래'를 찾아가서 알아보십시오.

**다음 질문에 대해 '없음' 1점, '조금' 2점, '중간' 3점,
'제법' 4점, '매우 많이' 5점으로 점수를 계산해보십시오.**

① 종합적으로 컨디션이 좋지 않다 ·············< >점

② 관절과 근육에 통증이 있다 ·············< >점

③ 심한 발한이 있다 ·············< >점

④ 수면에 고민이 있다 ·············< >점

⑤ 자주 졸리고 종종 피로를 느낀다 ·············< >점

⑥ 짜증이 난다 ·············< >점

⑦ 신경질적이다 ·············< >점

⑧ 불안감(패닉상태가 된다) ·············< >점

⑨ 몸의 피로와 행동력 감퇴를 느낀다 ·············< >점

⑩ 근력이 저하된다 ·············< >점

⑪ 우울한 기분이 든다 ·············< >점

⑫ '절정기는 지났다'고 느낀다 ·············< >점

⑬ 온 힘을 다해왔다. 지금은 밑바닥에 있다고 느낀다 < >점

⑭ 수염이 더디 자란다 ·············< >점

⑮ 성 능력 쇠퇴를 느낀다 ·············< >점

⑯ 새벽 발기의 횟수가 줄어들었다 ·············< >점

⑰ 성욕이 저하되었다 ·············< >점

합계 ---------------------------

테스토스테론 수치 측정은 특정 증상이 없는 사람은 자비로 진료를 받지만, 남성 갱년기 장애가 의심되는 사람이라면 보험으로도 할 수 있습니다.

테스토스테론 수치측정으로 LOH 증후군만이 아니라 다양한 질병도 알 수 있습니다. 전립선암, 치매, 파킨슨병 등을 발견하는 계기가 될 것입니다. 나이가 많으면 그런 검사를 귀찮아하지만, 당신이 그 무엇을 하는 것도 귀찮아한다는 느낌이 갱년기 장애로부터 온 증상입니다.

배우 히라 미키지로 씨의 경우

연극계의 보석이라고 불러야 할 명배우 히라 미키지로(平幹二朗) 씨는 2016년 10월 22일 욕실에서 사망했습니다. 82세였습니다.

이날 혼자 사는 히라 씨와 연락이 닿지 않자, 인근에 사는 아들이자 배우인 히라 다케히로 씨가 집으로 달려갔는데, 욕조에서 차갑게 식은 히라 씨를 발견했다고 합니다. 온화하게 잠든 것처럼 죽어 있었다고 합니다. 이날 도쿄의 날씨는 아침저녁과 낮의 기온 차가 갑자기 커진 날이었습니다.

나는 히라 씨가 82세였다는 사실에 놀랐습니다. 자세는 언제나 꼿꼿했으며 변함없이 몸가짐이 단정하고 맵시 있고 말쑥한 차림, 무대에서의 거침없는 대사 표현력, 독특하고 또렷또렷한 목소리, 조연임에도 주연을 능가하는 분위기, 이토록 노인이라는 것을 느끼지 않게 하는 80대 배우는 연극계가 아무리 넓다고 해도 찾아보기 어려운 분이라고 생각합니다.

히라 씨는 1956년 배우에 입단하여, 잘생긴 얼굴과 스케일이 큰 연기로 금방 선망의 대상이 되었고, 수많은 명품 무대를 남겼습니다. 셰익스피어 작품을 히라 씨의 출연으로 처음 본 일본인은 적지 않을 것입니다. 텔레비전 드라마에서도 맹활약을 했습니다.

입욕사라는 단어에는 비통한 이미지가 있습니다만, 생각하기에 따라서는 이것도 '쌩쌩 덜컥'이며, 평온한 죽음이라고도 할 수 있겠지요. 그러나 히라 씨는 아직도 멋진 연기를 많이 할 수 있었다고 생각하니 너무 아쉽습니다. 고령자들은 지금부터 계절에 따라, 다음 사항을 유념하여 목욕을 즐기시기 바랍니다.

(1) 외부 기온이 높은 시간대에 목욕한다.
(2) 탈의실도 따뜻하게 해둔다.
(3) 샤워나 물을 끼얹어서 서서히 몸을 따뜻하게 하고 욕조에 들어간다.
(4) 식사, 음주 직후에는 목욕을 삼간다.
(5) 온수 온도는 41도 이하, 10분 이내, 욕조에 있는 것을 기준으로 한다.

히라 씨는 2016년에 돌아가신 연출가 니나가와 유키오(蜷川幸雄) 씨의 작품에 없어서는 안 될 존재였습니다.
지금도 천국에서 두 사람이 연극론으로 뜨겁게 싸우고 있겠지요.

제 4 장

'하류 노인'과

'고독사'

고바야시 요시노리(小林よしのり) 씨의 극론.
당신은 어떻게 생각하십니까? 저는 반대입니다만…….

<TV 태클>에서 하류 노인에 대해 논의를 하고 있었는데, 고령자 4명 중 1명, 900만 명이 빈곤 상태에 놓여 있다고 합니다. 하류 노인이란 생활 보호 기준에 상응하는 수입으로만 사는 곤궁한 고령자를 말하는 것 같습니다. 65세 이상 생활 보호비 수급자가 현재 80만 명에 이른다고 하지만, 원래 생활 보호비란 '자립 지원'을 위한 것이기 때문에, 고령자만의 생활 보호 수급자가 늘어나는 현상은 비정상입니다. 연금으로는 이런 고령자 빈곤층을 구제할 수 없으므로 생활 보호로 대체하고 있는 셈입니다. 현재 국민의 1,900만 가구가 저축 제로 상태이며, 스스로는 중산층이라고 생각하는 사람들도 실은 모두 하류로 전락했다고 합니다.

옛날에는 분명히 '은거'라는 말이 있었지만, 지금은 70세가 넘어도 일하지 않으면 살 수 없습니다. 수명이 늘어난 만큼, 연금도 의료비도 파탄에 이르러 스스로 돈을 벌지 않으면 살아갈 자격이 없다는 실정인 듯합니다. 일본은 다른 국가와 비교할 때 노숙자가 적고, 실업률이 낮은데도 불구하고 가난에 내몰려 희망 없이 장수하는 노인이 앞으로 급격히 증가할 것입니다.

더구나 가족도 지역 공동체도 붕괴하고 있어서 지인에게 간병을 부탁할 수도 없고, 외로움에 갇힌 채 고독사를 기다릴 수밖에 없습니다. 구조개혁·규제 완화를 끝없이 말하고 있지만 가장 먼저 규제 완화를 해야 하는 것은 안락사일 것입니다. 국민의 역할을 마치고, 젊은이에게 민폐밖에 되지 않는 노인은 안락사하는 것이 가장 좋습니다.

-2016년 5월 15일 블로그 고바야시 요시노리 '하류 노인의 해결법'에서

만일의 경우를 대비해서 '생활보호제도'를 알아두자

몇 년 전부터 '하류 노인'이라는 단어가 사용되게 되었습니다. 이 단어가 처음 등장한 것은 사회복지사 후지타 다카노리(藤田孝典) 씨가 2015년에 출판한 『하류 노인-일억 총 노후 붕괴의 충격』이라는 책에서입니다. 그는 사이타마(さいたま) 시를 거점으로 생활 빈곤자 지원 활동을 하고 있었습니다.

이 책은 베스트셀러가 되어 '하류 노인'이 같은 해 유행어 대상에 노미네이트되었습니다. 후지타 씨는 '생활 보호 기준에 해당하는 고령자 및 그 우려가 있는 고령자'를 하류 노인이라고 부르고 있습니다. 즉, 보통 생활로 지낼 수 없는 하류 생활을 강요당하는 노인입니다. 또한, 후지타 씨는 이렇게도 지적합니다.

'연 수입 400만 엔 이하는 하류화의 위험이 크다'

'일단 질병이나 간병 또는 황혼 이혼 등 예상치 못한 지출이 생기면 누구나 쉽게 '하류'로 전락한다'

'돈이 없으면 제대로 된 간호도 받지 못한다'

하류 노인이라는 단어 침투로, 노후 빈곤 문제에 관심이 생긴 것은 매우 좋았다고 생각합니다만 다른 한편으로는 '열심히 일하고 성실하게 살아왔는데, 도착할 앞날은 지옥인가……'라는 막연한 공포가 일본에 만연하게 되었습니다. 이런 결과로 많은 사람이 보이지 않는 공포와 노후 불안의 굴레에 갇혀 현재를 즐길 수 없게 되어 버린 것 같습니다. 죄 많은 베스트셀러가 되었다고 느껴집니다.

그러므로 이번 장에서는 막연한 두려움이나 불안에 휘둘리지 않는 요령을 알려드립니다. 첫 번째는 **생활 보호**입니다. '하류 노인으로 전락해 버린다'고 하는데, 정말 곤란해지면 생활 보호제도가 있습니다. 이것을 잊고 있는 사람도 많습니다.

일본에서는 생활 보호에 대한 편견이 뿌리 깊게 박혀 있습니다. 물론 '아직 일할 수 있지만 일하지 않는다'거나, '수입이나 자산이 있는데 숨기고 있다'는 등의 부정 수급 문제는 어떻게든 개선하지 않으면 안 됩니다.

그런데 외국과 비교하면 생활 보호 수급 비율은 압도적으로

생활 보호 이용률·포착률 비교 (2010년)

	일본	독일	프랑스	영국	스웨덴
인구	1억 2,700만 명	8,177만 명	6,503만 명	6,200만 명	941만 5,570명
생활보호 이용자 수	199만 8,957명	793만 5,000명	372만 명	547만 4,640명	42만 2,320명
이용률	1.60퍼센트	9.70퍼센트	5.70퍼센트	9.27퍼센트	4.50퍼센트
포착률	15.3~18퍼센트	64.60퍼센트	91.60퍼센트	47~90퍼센트	82퍼센트

일본 인구의 1.6퍼센트만이 생활보호제도를 이용하며, 이는 선진국보다 매우 낮은 비율입니다. 더군다나 생활보호제도를 이용할 자격이 있는 사람 중에서도 실제로 이용하고 있는 사람의 비율(포착률)은 20퍼센트 정도에 지나지 않습니다. 나머지 80퍼센트에 해당하는 수백만 명의 사람들이 생활보호제도로부터 제외되어 있는 것입니다. 2012년에 들어서면서 전국에서 일어나고 있는 '아사(餓死)', '고독사' 사건 발생 배경에는 생활보호제도 이용률과 포착률이 낮은 것도 영향을 주고 있다고 생각합니다. (일본 변호사 연합회 발행, 『지금 일본의 생활보호제도는 어떻게 되어 있는가?』에서 발췌)

낮은 편입니다. 위의 그림을 보십시오. 생활 보호를 받는 사람의 비율은 일본이 1.6퍼센트 정도이지만 독일이나 영국에서는 10퍼센트 정도입니다. 부정 수급 비율은 1퍼센트도 되지 않을 것입니다. 한편, 생활 보호 수급 자격이 있는 가구 중 80퍼센트가 생활보호제도를 이용하지 않는 실태인 것 같습니다.

제도에 대해 알지 못하는 것인지, 일본인 특유의 겸손함인지……

어쨌든, 생활 보호는 선진국 공통의 사회 안전망입니다. 국가가 존속하는 한 생활보호제도는 절대 없어지지 않습니다. 국가가 무엇을 위해 있는가 하면, 하나는 '사회 안전망을 확보하기 위해서'입니다. 부의 재분배는 국가의 중요한 역할입니다. '하류 노인'이라는 마이너스 이미지로 공포에 떨기 쉽지만, 하류 노인 아래에 있는 것은 '죽음'이 아닙니다. 너무 부정적으로 생각하지 말고 '생활보호제도가 있으니까 괜찮아', '정말 곤란하면, 생활 보호에 의지하면 문제없어' 그리고 '케세라세라(어떻게든 되겠지)'라는 마음을 가집시다.

'다시 한 번 일한다!'는 선택지

정말 곤란해지면 생활보호제도가 있다는 것을 기억하면 좋습니다. 하지만, 나는 아무나 무모하게 추천하는 것은 아닙니다. 생활보호제도는 각기 사정이 있어 일할 수 없는 사람을 위한 제도입니다. 저는 몇 살이 되건 건강하게 일할 수 있다면 일하는 편이 좋다고 생각합니다. 이것이 국가의 경제이며, 또한 자신의 건강을 위한 일입니다.

얼마 전 구메 히로시(久米宏) 씨가 TV 프로그램에 나왔습니다. 사회자 나카이 마사히로(中居正広) 씨가 "뉴스 스테이션 앵커를 그만둔 뒤에도 '뉴스 스테이션'을 보고 있습니까?"라고 질문하자 잠시 침묵한 뒤, "그만두지 말 걸 하고 생각하고 있습니다"라는 대답이 매우 인상적이었습니다.

'죽을 때까지 일하겠다는 건 거짓말이다', '하고 싶은 다른 일이 있다', '회사가 시키는 대로 불평불만 없이 일하는 것은 이제 지긋지긋하다!' 어쨌든, 일에 지쳐서……, 여러 가지 생각이 교차하는 가운데, 많은 사람이 정년이라는 졸업 증서를 전달받거나, 가정 사정이나 질병 등으로 스스로 퇴직을 신청하는 사람도 있습니다만 일단 졸업했다고 해서 끝난 것은 아닙니다. 다음 그림처럼 행복도를 높이는 것은 일과 관계가 있는 것 같습니다. 일하는 방식은 다양합니다. 주휴 2일이 아니라 주휴 5일, 즉 주 2일 근무하는 것도 괜찮으며, 주 1일도 좋습니다. 하루라도 젊었을 때처럼 아침부터 밤까지가 아니고 반나절만 일해도 좋다고 생각합니다.

  월급도, 노후라고 불리는 시기가 되면 그렇게 많이 벌지 않아도 좋을 것입니다. 저임금이라도 괜찮습니다. 옛날에는 이렇게 받고 있었는데 하는 자존심 따위는 버리십시오. 돈보다 일 자체가 치매 방지가 되고, 하반신을 단련하며, 사회와 연결도 되는 등 얻는 것이 많습니다. 앞에서 언급했듯이, 남성 호르몬의 대표인 **테스토스테론은 '사회성'의 호르몬**입니다. 세상과 연결되는 것에 의해서 테스토스테론을 유지할 수 있다고 할 수 있습니다. 어떤 형태로든 사회와 연결되는 것이 중요합니다. 그래서 '할 수 있는 일을 해보자', '할 수 있다면 일하자'는 마음을 가지고 있었으면 합니다. 만약 일이 없다고 해도 봉사활동도 많이 있습니다.

55세 이상 취업과 행복도

	비율			
정규 직원· 종업원	41.4	15.7	15.7	55~64세(n=2011)
	57.8	35.8	6.4	65세 이상(n=392)
비정규 직원· 종업원	42.7	15.7	16.3	55~64세(n=1831)
	55.5	35.8	6.4	65세 이상(n=1360)
비취업	44.1	38.3	17.6	55~64세(n=2133)
	50.2	41.0	8.8	65세 이상(n=1159)

▢ 아주 행복하다(5점) 혹은 4점   ▨ 3점   ■ 아주 불행(1점) 혹은 2점

자기가 사는 지역의 사회복지협의회와 자원봉사센터 홈페이지 또는 '지역명 자원봉사자'라고 인터넷에서 검색하면 많이 찾을 수 있습니다. 무료 자원봉사뿐만 아니라 용돈 정도 보상을 받는 유상 자원봉사도 있습니다. 잘 해내지 못해서 망신을 당해도 좋지 않습니까? 제대로 하지 않으면 일이 아니라는 생각이 강한 사람일수록 고립되기 쉽습니다.

일에는 나이 제한이 있지만, 자원봉사에는 대부분 나이 제한이 없을 것입니다.

일에서도 자원봉사에서도 자신이 도움이 될 수 있다는 것, 사회와의 접점을 가질 수 있는 것은 매우 좋은 일입니다. 젊은 시절에는 돈을 벌기 위해 일해 왔다고 생각하지만, 정년을 맞이한

후에는 돈이 아닌 일하는 목적 자체를 소중히 했으면 좋을 것입니다.

사회로부터 고립되어 갈수록 고독사 위험은 커집니다. 이런 의미에서도 일할 수 있는 동안은 일하며 사회와의 접점을 유지하는 것이 중요합니다.

파친코와 담배를 끊는 것만으로도 인생을 바꿀 수 있다

연금을 받으면 고스란히 파친코 가게에 가서 모두 써버리는 사람이 있습니다. 때론 받은 연금을 담배에 쏟아붓는 사람도 있습니다.

이것은 매우 아까운 일입니다. 돈만 아까운 것이 아니라 그 사람의 건강이나 인생의 관점에서도 참으로 아깝습니다.

파친코, 담배, 알코올을 아주 좋아하는 사람은 고독사하는 전형적인 예입니다. 직장이나 연금 소득이 있어도 파친코와 담배에 돈을 지출하면 돈이 빨리 바닥나고 경제적으로 곤궁해져서 빚도 지고 사람은 떠나가고, 점점 파친코나 담배에 시간과 돈을 지출하게 됩니다. 그래서 더 고립되고, 건강에 주의하지 않아서 결국 노년에 이르면 당뇨병의 합병증이 전신으로 퍼지거나, 암에 걸리거나, 폐기종이 되거나 하면서 점점 약해져 조용히 혼자 죽게 되는……. 그래서 결국 도착하는 곳은 고독사. 안타깝게도 이런 사람이 증가하고 있습니다. 그리고 그 대부분이 남성입니다.

담배의 피해에 대해서는 지금까지 여러 책에 쓰여 있습니다. 『금연으로 인생을 바꾸자, 속고 있는 일본의 흡연자』라는 책도 썼습니다.

왜 제가 그렇게까지 담배의 폐해를 호소하는가 하면, COPD(만성 폐쇄성 폐질환)나 폐암, 식도암, 인두암 등 '담배 병'으로 고통받는 사람들과 매일 마주하고 있기 때문입니다(다음 그림 참조). 특히 인두암인 20대 청년을 재택으로 간호할 때의 일은 지금도 잊을 수가 없습니다.

또한, 어떤 중년 여성은 제법 잘되는 제과점을 경영하고 있었는데, 어느 날 일이 끝나고 직원과 식사를 한 뒤 지친 몸으로 혼자 잠이 들었는데 불이 나 그대로 죽은 일이 있습니다. 그 사람은 흡연자였고, 담배가 화재의 원인이었던 것 같습니다. 저는 그 아버지의 주치의이기도 했는데, 너무 슬퍼해서 못 알아볼 정도로 초췌해져 있었습니다.

화재로 사망한 것은 고독사는 아니지만, 고독사 이상으로 주위에 민폐를 끼치며 주위를 슬프게 합니다. 모든 것을 한꺼번에 잃고 이웃집까지 불이 옮겨 붙은 적도 있습니다.

그리고 이런 화재의 많은 원인이 담배입니다.

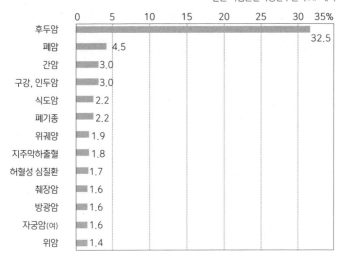

비흡연자와 비교한 흡연자의 사망률(비흡연자= 1.0)

일본 국립순환기병연구센터 HP에서

후두암	32.5
폐암	4.5
간암	3.0
구강, 인두암	3.0
식도암	2.2
폐기종	2.2
위궤양	1.9
지주막하출혈	1.8
허혈성 심질환	1.7
췌장암	1.6
방광암	1.6
자궁암 (여)	1.6
위암	1.4

20세부터 흡연을 하며 평생 금연을 하지 않으면 남성은 8년, 여성은 10년 수명이 짧아집니다.

이것은 정부가 홍보하고 있는 내용입니다. 그런데, 그 한편에서는 JT(일본 담배 산업)의 주식 3분의 1을 재무성이 보유하고 있고, 또 재무성으로부터 다수의 낙하산 인사를 받아들이고 있습니다.

담배로 이익을 얻는 것은 재무성과 낙하산 관리들뿐입니다. 담배를 피우고 있는 사람은 돈과 10년치 생명을 빼앗기고 있다는 것을 빨리 알아주셨으면 합니다.

의존은 해도 좋다. 그러나 중독은 되지 말자

담배와 파친코를 왜 그만둘 수 없는가? 그것은 '중독'이기 때문입니다. 일종의 질병입니다.

그리고 고독사와 관련이 깊은 또 하나의 중독이 '알코올 의존증'입니다. 알코올 중독이라고 말하는 편이 알기 쉽겠지요?

감찰의 니시오 선생님도 **고독사로 해부대로 넘겨지는 시신은 알코올 관련이 많다**고 합니다. 더욱이 알코올 의존증으로 진단된 사람의 해부로 한정지어 말한다면 남성이 압도적으로 많고, 혼자 사는 남성뿐이라고 합니다.

알코올 의존증으로 혼자 사는 남자도 고독사에 이르기 쉬운 전형의 하나입니다.

파친코, 담배로 생활이 곤궁해져, 주변에서 사람이 점점 멀어지면, 고독을 달래기 위해서 술에 빠지게 됩니다. 알코올 의존증이 되면 더더욱 아무도 다가오지 않게 됩니다.

낮부터 술 냄새를 물씬 풍기고, 주위 사람에게 폭언이나 폭력을 행사하거나……, 알코올 중독 때문에 실직당하고 이혼했다는 말을 자주 듣고, 반대로 실직이나 이혼을 계기로 알코올 의존증이 되었다는 이야기도 듣습니다.

있는 그대로 솔직히 말하자면 알코올 중독 환자를 의사는 별로 진단하고 싶지 않아 합니다. 본인은 중독임을 인정하지 않고 숨기려고만 합니다. 의사의 충고에 격렬하게 화를 낼 때도 있습니다. 하지만 의사는 '진료를 요청하면 정당한 이유가 없는 한 거절하지 못한다'는 진료 거부 금지 의무가 있으므로 알코올 중독 환자가 온다면 마주해야만 합니다.

중독이란 뇌에서 '보상 회로'가 형성된 상태입니다.

파친코나 담배, 술 등으로 뇌가 쾌락을 느낄 때 **'도파민'**이라는 쾌락 물질이 나옵니다. 그 쾌락을 여러 번 맛보는 사이에 그 자극을 또 원하게 됩니다. 그리고는 '자극→쾌락이라는 보상→같은 자극을 원하게 되는' 보상 회로가 활성화되고, 쾌락 좇기에서 벗어나지 못하게 됩니다.

알코올 중독은 담배(니코틴) 이상으로 의존성이 높아 일단 중독되면 끝내기가 매우 어렵습니다.

알코올과 담배 이외에도 도박과 인터넷, 단 음식 등도 의존증을 만듭니다.

특히 단것, 설탕 의존은 심각합니다. 설탕 의존 상태에 빠지면 불안감이 커집니다.

설탕을 섭취하면 혈당이 급격히 올라갔다가 단숨에 떨어져, 그 격차로 불안이나 초조함을 느끼게 합니다. 그래서 단것을 많이 먹으면 초조해지기 쉬워지며 불안 증세가 심해져서 마음을 진정할 수 없게 됩니다. 그 결과 다시 한순간의 쾌락을 추구하려 단것에 손을 뻗치는…… 악순환이 계속됩니다.

또한, **포도당 중독**에 빠지면 치매에 걸리기 쉽습니다.

당뇨병인 사람이 치매에 걸리기 쉬운 것은 이전부터 잘 알려져 있습니다만, 제 경험에서도 당뇨병을 방치하고 있는 사람이 나이를 먹으면 치매 발병률이 높습니다. 당뇨병의 원인은 밥이나 빵이나 국수 등 탄수화물 과식입니다. 그리고 또 하나는 걷지 않는 생활입니다.

'**탄수화물 과식 → 포도당 중독 → 당뇨병 → 치매**'로 연결되는 것입니다.

재택 의료에서 홀로 사는 남성 노인의 집을 방문하면 얼핏 부엌만 봐도 달콤해 보이는 크림빵이 몇 개나 있고, 테이블 위에 초콜릿이나 쿠키, 달콤한 과자 등이 놓여 있기도 합니다. 그런 모습을 본 것만으로도 '아, 치매구나'라고 생각합니다.

그렇다고 해도 사람은 누구든 원래 무엇인가에 의존하는 것입니다. 전혀 아무것도 의존하지 않는 사람은 없습니다. 미소라히바리(美空ひばり) 씨가 「사랑은 눈부시다」에서 '사람은 슬픈, 슬픈 것'이라고 노래했듯이, 사람은 본래 약함과 외로움, 슬픔을 안고 살아가는 존재이므로 무엇인가에 의존하면서 자신의 마음을 위로하며 살아갑니다. 이런저런 다양한 사람, 다양한 것들에 의존하는 것입니다. 의지하는 사람, 어리광부리는 사람, 마음을 안심시키는 것, 치유 받는 취미 등 몇 가지를 만들어 두는 것이 '넓고 얕게'의 관계성입니다. 이렇게 한다면 의존은 해도 중독은 되지 않습니다.

그러나 담배와 알코올, 탄수화물, 도박 같은 것은 중독되기 쉽습니다. 담배 이외에는 적당히 즐기는 정도라면 괜찮지만, 의존증까지 되어 버리면 완전히 끊는 수밖에 없습니다.

보통은 의존증이 되어도 본인이 눈치채지 못하는 경우가 많습니다. '혹시' 하는 생각이 든다면, 우선 1주일 동안 그것 없이 살도록 노력해보십시오. 술 없이, 도박 없이, 단 것 없이 1주일 동안 생활할 수 있게 된다면, 당신은 의존증이 아닙니다.

하지만 혹시 1주일을 참지 못하면, 이미 중독 상태라고 생각하고 완전히 끊는 노력을 하십시오. 의존증의 종류가 많을수록 고독사하기 쉽습니다.

저축액과 자녀만 신경쓰면 행복해질 수 없다

'하류 노인''이라는 말이 세간에 퍼진 이후 노후 불안을 느끼는 사람이 점차 늘고 있습니다. 남녀노소 할 것 없이 불안의 소용돌이에 빠져 있습니다.

'돈이 아깝다'는 이유로 마시러 가지도 못하고, 자동차도 사지 않고, 데이트도 하지 않고, 결국 '결혼은 비경제적이라서 하지 않는다'는 젊은이들이 늘고 있다고 합니다.

또한 '연금에 의지할 수 없으므로 노후 자금을 저축하지 않으면 안 된다', '젊었을 때 밖에 벌 수 없다'고 생각하는 여대생들이 밤거리나 성 산업에서 일하고 있습니다. 지금 빚을 안고 있는 것도 아니고, 호스트를 해야만 하는 것도 아닌데, 그저 '노후가 불안하다'는 이유로 어린 소녀가 기생으로 일하는 나라입니다. 그런 세상, 어떠신가요?

그런데도 정부는 '일억 총 활약(一億總活躍)'과, '여성의 활약'을 부르짖고 있으니 생각하면 웃기는 일입니다. 한편으로는 노인들도 '노후를 위해서'라며 저축에 목을 매고 있습니다. 80세, 90세가 되어서 '노후가 걱정'이라며 생활비를 절약하며 될 수 있는 대로 돈을 쓰지 않는 사람도 있습니다. 80세, 90세 사람들의 '노후'란 언제일까요?

불안은 물론 저에게도 있습니다. 아직 오지 않은 미래를 생각하면 끝이 없습니다. 세계정세 문제도, 환경문제도 그리고 중앙의 의료 문제도……, 앞날은 온통 불안투성이입니다.

그런 가운데에서 '다사사회'가 도래해 재택 간호를 필요로 하는 사람의 수는 날마다 늘어나고 있어 잠이 오지 않습니다. 그러나 어떤 시대에도 불안은 있을 것입니다. 천재지변이나 기근, 전쟁 등 아무것도 없는 시대는 없었습니다. 이런 해결할 수 없는 불안을 계속 안고 있으면 스트레스가 쌓일 뿐입니다. 스트레스가 계속되면 뇌는 위축됩니다. 그리고 은둔형 외톨이가 되고, 사회와의 관계를 거부하면서 불안이 더 증가되는 악순환에 빠지게 됩니다. 모두 '노후를 위해서' 또는 '노후 불안'이라고 하지만, '노(老)'의 '후(後)'는 무엇일까요? '노의 다음'은 '죽음' 아닐까요.

이렇게 생각하면 노후에는 자신이 존재하지 않으니까, 과도하게 불안해할 필요는 없습니다.

**불안에 져버리면 자포자기하게 되어 고립되고, 결국 고독사하기
쉽습니다.** 어떻게 불안을 없애고 매일 낙관적으로 살 수 있는가
하는 것이 지금의 문제라고 생각합니다.

또 저축의 많은 이유가 '자녀를 위해서'입니다.

저는 인간은 알몸으로 태어나서 알몸으로 죽으니까 '죽으면
끝'이라고 생각하므로 상속제도 자체가 없는 쪽이 좋다고 생각
합니다.

개와 고양이에게는 상속 따위가 없습니다. 인간만이 부를 후
손에게 물려줍니다. 이전부터 종종 '상속 세율을 100퍼센트로
하면 어떤가?' 하는 의견이 나오면 '그것은 폭론!'이라며 맹렬한
반대에 부딪히는데, 저는 그것이 결코 폭론이라고 생각하지 않
습니다. 상속 세율을 100퍼센트로 하자는 것은, '죽으면 모두 국
가에 몰수 된다'는 것입니다.

이렇게 한다면 '노후를 위해서', '자녀를 위해서' 저축하지 않
고, 모두가 '현재'를 충실하게 살 것입니다. '손에 쥐고 죽으면
손해'니까 자고 있던 돈이 자꾸자꾸 돌게 될 겁니다. 무엇보다
도 상속 세율을 100퍼센트로 하면, 무능한 2세, 3세 국회의원이
나 의사가 멸종하니 국민에게 있어서도 좋은 일입니다.

자녀에게 1천만 엔을 남기기보다는 자신을 위해 다 사용하는
쪽이 절대적으로 좋습니다. 예를 들어 '호화 여객선으로 하는
세계 일주 여행'이라든지 다른 여행도 좋다고 생각합니다. 장애

가 있어도 치매가 있어도 여행하는 편이 좋습니다. 인간이기에, 살아있는 한, 활동하는 것이 중요합니다. 보행이 어려우면 휠체어를 사용해서 이동하면 됩니다.

그래서 자녀를 위해 저축하는 정도라면 자신의 여행을 위해 돈을 쓰기 바랍니다. 원래 자녀에게 많은 돈을 남기는 것은 좋은 일이 아닙니다.

사람은 스스로 살아가는 것입니다. 아무런 노력도 없이 큰돈이 굴러들어 오면 쓸 만한 사람이 못 됩니다.

예를 들어, 의대를 졸업하는 데 필요한 학비는 국립대학은 350만 엔이지만, 사립대학은 6년 동안 적어도 2천만 엔이 듭니다. 비싼 곳은 두 배입니다. 당연히 사립대 의대에 자녀를 넣을 수 있는 가정은 한정되어 있습니다. 저처럼 편모슬하에서 학비도 생활비도 스스로 아르바이트로 벌며 다닌 학생은 거의 없었습니다. 도쿄대학도 부모 세대 연 수입이 1천만 엔을 넘는 학생이 과반수를 차지하고 있습니다.

'운명은 스스로 개척하는 것'이라고 하지만, 현실에서는 경제적인 격차가 운명의 격차를 만들고 있습니다. 불편한 진실입니다.

하류 노인의 반대는 '상류 노인'이며, 이들이 상속으로 자녀에게 돈을 물려줘, 다른 사람을 하류로 전락시키고 있는 것은 아닐지요.

말하자면, 사람들이 스스로 하류로 전락하는 것이 아니라, 떠밀려서 전락하고 있는 것입니다.

상류 노인이 격차 사회를 만들고, 또 하류 노인을 만들고 있는 것은 아닐까 싶습니다.

다동의 권유— 많이 움직이는 할아버지 쪽이 건강한 이유

혹시 '다동'이라는 단어를 마이너스 이미지로 생각하시나요?

'다동증(多動症)'이라고 '증'자를 붙여 질병처럼 말하는 예도 있습니다.

가끔 주위에서는 외래 및 가정에서 진료하며, 지방에서 강연도 하고, 학회에 나가거나, 책을 쓰고 있는 저도 다동증 증세가 있는 것 같다고, 성인 ADHD(주의력 결핍 과잉 활동 장애)라고 야유하기도 합니다. 하지만 저는 나이를 먹을수록 다동을 목표로 삼는 것이 좋지 않겠는가 하고 생각합니다.

나이를 먹으면 한 번에 많은 일을 할 수 없게 됩니다. 젊은 시절에는 하루에 열 가지 일을 할 수 있었던 것이, 나이가 들면 다섯 가지가 되고, 다시 세 가지로 줄어들고, 결국은 그중 한 가지도, 아니 한 가지조차 할 수 없게 됩니다.

　그런데 흔히들 '나이를 먹으면 한 해가 빨리 지나간다'고 하는데, 왜 빨라진다고 생각하십니까? 10세 어린이에게 1년은 '1/10', 20세 젊은이에게 1년은 '1/20', 60세 중년에게 1년은 '1/60'이라며 살아온 삶에서 차지하는 비중이 작아지므로 1년이 짧게 느껴진다고 합니다. 지금까지는 이렇게 설명해왔습니다.

　그러나 생물학자 후쿠오카 신이치(福岡伸一) 씨는 그래서가 아니라 "자신의 체내 시계가 느려지기 때문"이라고 합니다. 즉 **시간은 일정하게 흐르고 있지만, 자신이 느려져서 상대적으로 빠르다고 느낀다**는 것입니다. 알기 쉽게, 아침에 기상해서 집을 나올 때까지의 시간에 대해 생각해 봅시다. 지금은 준비하는 데 얼마나 시간이 소요됩니까? 저는 대학생 때 후다닥 얼굴을 씻고 옷을 갈아입고 5분 만에 집을 나왔었습니다. 초등학생은 5분도 걸리지 않는다고 생각합니다. 이것이 환갑을 앞둔 지금은 30분 정도 걸립니다. 40대 시절은 10분 만에 나왔습니다. 하던 일은 그렇게 변하지 않았는데, 같은 동작에 6배의 시간이 걸린다는 것입니다. 그만큼 젊은 시절에 비해 움직임이 느려진 것입니다.

　나이를 먹는다는 것을 물리적으로 말하면 몸의 근육량이 줄어들었다는 것입니다. 시간의 관점으로 말하면 느려진 것입니다. 그래서 하는 일의 분량을 잘 나누어 다동하며 움직이도록 의식하십시오. 조금 욕심을 내서 해야 할 일을 늘리는 것입니다. '시간이 걸리기 때문에, 오늘은 이것만'이라고 생각하지 않고 '이것도 저것도' 조금 더 하려고 애쓰는 것이 건강한 모습으로 살 수 있게 한다고 생각합니다.

소변보는 데 걸리는 시간으로 고독사를 예측할 수 있다!?

앞에서 나이가 들면 동작이 느려진다고 했지만, 이 장의 마지막 단락에서는 소변 이야기를 하겠습니다. 먼저, 배뇨 시간에 대해서입니다. 소변을 누는 데 걸리는 시간은 포유류는 모두 같다는 것을 아십니까? 코끼리도 쥐도 기린도 원숭이도 몸의 크기와 관계없이 **배뇨 시간은 대략 21초 이내로 모두 비슷하다고 합니다.**

이것을 규명한 연구는 2015년 이그노벨상을 받았습니다. 이그노벨상은 사람들을 웃기고 생각하는 연구에 주어지는 상입니다.

생물학자 모토카와 다쓰오(本川達雄) 씨의 명저 『**코끼리의 시간 쥐의 시간-크기의 생물학**』에 따르면, 동물은 몸의 크기에 따라 수명과 심장 운동, 폐 움직임이 다 다릅니다. 그런데 소변을 누는 데 걸리는 시간이 같다는 것은 엄청난 발견입니다. 모두 21초 이하입니다. 아무래도 몸이 큰 동물일수록 방광의 용량도 커질 것이고, 그만큼 오줌을 누는 요도도 굵고 힘찰 것이기 때문에 방광이 작은 동물과 배뇨 시간이 크게 차이 나지 않는 것 같습니다. 재미있죠?

물론 인간도 마찬가지입니다. 인간도 포유류이므로 역시 21초 정도입니다.

여러분은 어느 정도이신지요? 21초 전후로 끝나고 있습니까?

1분 정도 변기 앞에서 계속 서 있는 일은 없습니까?

나이가 들면 배뇨 시간은 점점 길어집니다. 조금 전에 나이를 먹으면 움직임이 느려진다고 말씀드렸습니다만, 배뇨 동작 자체도 느려집니다. 배뇨 시간이 21초 이상이 되면 남성의 경우 죽음에 가까워진 것일까요?

따라서 소변 시간이 길어지면 '아, 나이 좀 먹었구나!' 하고 생각하십시오. 특히 남성은 소변이 잘 끊어지지 않아 전부 꺼내는 데 시간이 걸릴 수 있습니다. 이른바 과민성 방광 아니면 신경성 빈뇨 증상입니다.

그리고 또 하나 횟수에 관해 이야기해보겠습니다. 일본인 남성의 경우 한밤중에 화장실에 가려고 일어나는 사람이 50대는 1회 이상이 절반 이상이고, 70대는 3회 이상이나 일어나는 사람이 남성은 무려 30퍼센트이며, 여성은 10퍼센트라는 자료가 있습니다. 이것 역시 테스토스테론이 크게 관여하고 있으며, 테스토스테론 수치가 낮은 사람일수록 한밤중에 몇 번이나 화장실에 가기 위해 일어난다는 사실을 알 수 있습니다. 야간 소변 횟수의 변화야말로 노화의 척도입니다. 신경이 쓰이는 분은 일단 비뇨기과나 내과에서 상담해보세요.

여배우 오하라 레이코 씨의 경우

'조금만 사랑해요. 오래도록 사랑해요'라는 위스키 선전으로 한 세대를 풍미했던 절세의 미녀 오하라 레이코(大原麗子) 씨가 죽었을 때 방송에서 처음으로 '고독사'라는 말을 대대적으로 쓴 것으로 기억하고 있습니다.

『고지엔(広辞苑)』에 이 말이 실린 다음 해인 2009년 8월에 오하라 씨는 돌아가셨습니다. 62세였습니다. 혼자서 대저택에서 생활하고 있었다고 합니다. 2주 가까이 연락이 되지 않는 것을 의심스럽게 생각한 동생이 현지 경찰서에 연락한 것이 2009년 8월 3일의 일입니다. 그리고 8월 6일에 동생과 경찰관이 오하라 씨의 집에 들어가 이미 죽어 있던 오하라 씨를 발견했습니다.

오하라 씨는 오른손을 쭉 뻗은 채로 사망했고, 그 손의 15센티미터 앞에는 휴대 전화가 있었다고 합니다. 집의 열쇠가 잠겨 있었기 때문에 사건성은 낮지만, 누구의 간호도 받지 못한 죽음은 의문사의 취급 대상이 되었고, 시신은 경찰서로 이송되어 해부되었습니다. 해부 결과 머리 혈관이 파열된 것이 발견되었습니다. 사인이 부정맥으로 인한 뇌출혈로 판단되고 나서, 유해를 화장했습니다.

죽음과의 직접 관련 여부는 알 수 없지만, 오하라 레이코 씨는 오랫동안 길랭바레 증후군(알레르기성 급성 다발성 근신경염)이라는 신경 질환과 싸우고 있었습니다. 바이러스 감염 때문에 면역시스템에 이상이 생겨 말초신경에 장애를 일으켜 발생하는 질병입니다. 일본에서의 연간 발병률은 10만 명에 1~2명으로 특정 질환으로 지정되어 있습니다. 많은 사람은 발병 후 1개월 전후를 정점으로 서서히 회복해 나갑니다. 진행 경과 중에 사망하는 사람은 5퍼센트 미만이라는 자료도 있습니다.

오하라 씨는 20대 때 일단 극복했지만, 50대에 재발하였습니다. 그 후 한 번은 무대에 복귀했지만, 2007년 집에서 넘어지면서 중상을 입은 뒤 다시 연예 활동을 중단했는데 죽음을 맞이한 것입니다.

길랭바레 증후군과 앞의 사인에 얼마나 인과 관계가 있는지는 알 수 없습니다. 더구나 길랭바레 증후군≒고독사≒불쌍한 마음을 갖는 것은 오하라 씨의 본의가 아닐 것이고, 잘못된 발상일 수도 있습니다.

오하라 레이코 씨의 아름답고 화려한 여배우 인생을 돌이켜 보면 불쌍하기는커녕 몹시 부러운 인생입니다. 고독사마저도 아름다운 모습으로 우리의 기억에 남으려 했던 인기 여배우로서의 삶의 방식일 수도 있습니다.

제 5 장

고독사
회피술은
있는가?

고독에 대한 격언

죽음은 고독할지도 모른다.
그러나 살아있는 것보다 고독할 리가 없다.
-악셀 문테

가장 불행한 일, 그것은 혼자서는 있을 수 없다는 것이다.
-장 드 라브뤼예르

고독이 좋은 것이라는 것을 우리는 인정하지 않을 수 없다.
그러나 고독이 좋은 것이라고 얘기할 수 있는 상대가
있는 것은 하나의 기쁨이다.
-발자크

내가 고독하게 있을 때, 나는 가장 고독하지 않다.
-키케로

고독하게 어떻게 살아야 하는지 모르는 사람은,
바쁜 군중 속에서 어떻게 바쁘게 살아야 하는지도 모른다.
-보들레르

인간은 원래 혼자 태어나 혼자 죽어가는 것이다.
많은 사람 속에 섞여 있어도 고독하다는 것은
누구나 다 잘 아는 일이다.
-다야마 가타이

용건 없이도 카톡이나 통화할 수 있는 사람 3명을 만든다

평소 카톡이나 전화를 연락 수단으로 하는 사람은 많겠지요?

그런데 남성들 가운데는 '일이 없으면 연락하지 않는' 사람이 많겠지요. 아저씨들끼리 카톡으로 자주 이야기한다는 말은 별로 들어보지 못했습니다. 직장을 그만둔 순간, 뚝! 누구에게서도 연락이 오지 않게 되는 것은 자주 있는 일입니다.

물론 사람들과 교류하지 않아도 독서나 영화 감상, 낚시 등혼자서 시간을 마음껏 즐기고 있는 분도 많을 것입니다. 작가이츠키 히로유키(五木寛之)는『고독의 권유』,『고독의 힘』이라는책에서 고독을 두려워하지 말고, 고독을 벗 삼아 살면 어떠냐고쓰고 있습니다.

태어날 때도 죽을 때도 사람은 모두 혼자이기 때문에 고독은 그렇게 두려워할 것이 아니라는 것에 저도 동감합니다. 다만 앞으로 고독사를 피하고 싶다면 '용건 없이도 카톡이나 전화할 수 있는 상대'가 있는 편이 좋지 않겠습니까?

혼자 사는 사람이 회사를 그만두면 만약의 사태에 알려지게 될 확률이 낮아집니다. 집에서 쓰러져 있으면 며칠은 고사하고 몇 주, 때로는 수개월도 쉽게 지나가 버립니다. 해부 의뢰되는 시신 가운데는 사후 1개월 이상 지난 경우도 결코 드물지 않다고 합니다.

평소 카톡이나 전화로 연락하는 것은 안부 확인입니다.

물론 메일도 좋지만, 카톡은 확인했다는 표시가 있습니다. 반나절이 지나도 읽지 않음으로 표시된 경우에는 안부 확인을 하는 등 규칙을 만들어 놓으면 더 안심이 될 것입니다. 내용은 별것 아닌 것도 좋습니다. '좋은 아침'이라는 한마디, 그림, 그날 있었던 일의 보고, 혹은 '야구 이긴 날', 그날 본 텔레비전 이야기든 뭐든지, 다 좋습니다.

즉, 이해관계가 얽히지 않은 그냥 친구끼리의 교류입니다. 동성도 이성도 좋습니다. 그런 친구와는 절대 돈을 빌려서는 안 됩니다. 그리고 그런 친구가 그렇게 많이 필요한 것은 아닙니다. 그냥 한 명이라면 좀 걱정스러우니까 두 명 이상, 세 명이라면 이상적입니다. 한 명에게만 너무 의지하면 의존이 점점 심해질 수 있고, 좋은 관계를 유지하기가 어렵습니다. 두 명이라면 무슨 일이 있을 때 "너희 둘만 친하냐?" 등으로 싸울 경향이 있습니다. 세 명이면 알맞은 거리감으로, 무겁지도 가볍지도 않은 관계가 유지될 것입니다.

60세부터 새로운 것 배우기 추천

'용무가 없어도 부담 없이 연락할 수 있는 친구 3명을 만들자'고 해도 일만 해온 남성에게는 어렵지 않을까요?

'그런 친구가 없는 사람은 어떡하나?' 그렇게 생각하는 사람도 있겠지요.

괜찮습니다. 정년퇴직 후에 '일만 하지 말고 친구들과 더 교류를 했더라면 좋았을 걸', '회사 이외에도 할 일을 찾아 놓았으면 괜찮았을 걸' 하고 고민하는 사람도 많을 것이고, 이처럼 비슷하게 새로운 친구를 찾는 사람도 많이 있을 것입니다.

정년퇴직 이후 친구 만들기에 고민하거나, 무언가 새로 배우는 것을 시작하는 것도 좋겠지요.

모처럼 자유롭게 사용할 수 있는 시간이 생겼습니다. 자신이

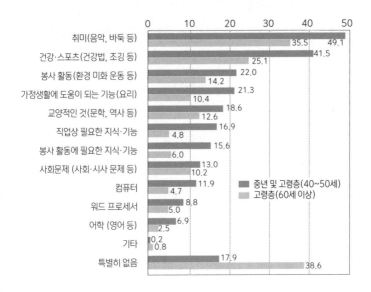

중년 및 고령층이 관심을 갖는 평생 학습(복수 응답)

내각부 「고령 사회 대책에 관한 조사」에서

	중년 및 고령층(40~50세)	고령층(60세 이상)
취미(음악, 바둑 등)	49.1	35.5
건강·스포츠(건강법, 조깅 등)	41.5	25.1
봉사 활동(환경 미화 운동 등)	22.0	14.2
가정생활에 도움이 되는 기능(요리)	21.3	10.4
교양적인 것(문학, 역사 등)	18.6	12.6
직업상 필요한 지식·기능	16.9	4.8
봉사 활동에 필요한 지식·기능	15.6	6.0
사회문제 (사회·시사 문제 등)	13.0	10.2
컴퓨터	11.9	4.7
워드 프로세서	8.8	5.0
어학 (영어 등)	6.9	2.5
기타	0.2	0.8
특별히 없음	17.9	38.6

정말 관심 있는 것을 시작해보면 어떨까요? 피아노, 기타, 사진, 체조, 도예, 바둑, 장기, 서예, 영어 회화…… 검색하면 여러 가지 배울 거리는 많습니다.

관심 있는 것이라면 뭐든지 좋지만, 굳이 말한다면 손가락 사용하는 것을 추천합니다. 손, 손가락을 움직이면 두뇌 훈련이 되어 치매 예방으로 연결되기 때문입니다.

앞에서도 언급했듯이 요리 교실도 좋겠지요. 요리는 단순히 손을 사용할 뿐만이 아니라 재료를 자르면서, 다음 단계를 생각하거나, 조리를 진행하거나, 맛을 보거나……, 하면서 몇 가지를 동시에 진행하며 움직이지 않으면 안 됩니다. 치매 예방에는 2 가지를 동시에 시행하는 '다중작업(동시 동작)'이 좋다고 알려져 있습니다. 요리는 자르거나 씻거나 볶거나 하면서 항상 절차를 생각하지 않으면 안 되기 때문에 바로 '다중작업'의 연속입니다. 저도 30대에 이혼하고 재혼할 때까지 2년 정도 자취를 했었습니다. 간단한 것밖에 만들지 못했지만, 식단을 생각하거나 쇼핑을 하거나 절차를 생각하면서 직장에서 쓰지 않는 머리를 사용했던 기억이 있습니다. 그래서 60세에 배우는 것으로는 요리를 시작하는 것이 좋다고 생각합니다.

그리고 가능하면 **2가지 이상을 배우는 것**이 좋다고 생각합니다. '다동의 권유'입니다.

유형이 다른 취미를 가지면, 만나는 사람도 다양해집니다.

골프와 게이트볼, 체조 등 몸을 움직이는 '운동 분야'와 도예와 장기, 영어 회화 등의 '문과 분야' 등으로요. 여러 가지 취미를 가지는 것은 좋은 일입니다(앞의 그림 참조).

사실 저는 최근 목소리 훈련을 시작했습니다. 환갑이 될 때 여러분에게 노래를 불러드리고 싶습니다. 노래 선생님에게 '아~' 하는 소리내기 방법부터 배우고 있습니다. 아직도 노래는 부르게 해주지 않고 발성과 호흡 훈련만 계속하고 있습니다만, 역시 혼자 하는 것과는 달리 선생님에게서 기본부터 배우는 것이 중요하구나라고 실감하며 배우고 있습니다.

배우는 것은 공통의 취미를 가진 친구를 만들기에 아주 적당한 장소이며, 정기적인 외출로 노쇠해지는 것도 예방합니다.

'노쇠'란 다른 말로 '허약' 혹은 '도움이 필요하다'라고도 말할 수 있으며, 근육이나 활력이 떨어진 상태입니다. '피곤하다'라거나 '지친 모습'이라는 느낌입니다. 노쇠한 상태가 더 진행되면 방문 간호가 필요하게 됩니다.

정년퇴직을 계기로 사회적으로 고립되고, 완전히 기운을 잃는 사람이 많습니다. 예순의 배움은 치매 예방, 노쇠 예방 등으로 이어지고 건강하게 장수하는 길로 이끌어 줍니다.

그리고 돈에 여유가 없는 사람은 거주지나 지역의 관공서나 단체에 학습 지원을 문의하는 것이 좋습니다. 생각보다 많은 행사와 강좌를 아주 저렴한 가격으로 찾을 수 있을 것입니다.

스낵바는 가까운 곳에 친구를 만드는 교류의 장

저는 시간이 나면 근처 스낵바를 찾아갑니다.

문을 열면 자신과 같은 아저씨들이 카운터에 둘러앉아 여주인을 중심으로 대화를 하고 있습니다. 극장에 가도, 여행지에서도 여성이 많은 세상에, 이렇게 아저씨만 모여 있는 세계는 드물지 않을까요.

스낵바는 우리 남성에게 남겨진 유일하게 귀중한 지역 교류의 장일지도 모릅니다.

게다가 일본 어떤 지역에도 스낵바가 있습니다. 주택가 안에서도 네온이 번쩍이기도 합니다. 전화번호부에 실려 있는 것만으로도 전국에서 10만 개 정도가 있다고 합니다. 전화번호부에 실려 있지 않은 가게도 당연히 있으므로, 15~16만 개 정도는 있지 않을까 추정됩니다. 10만 개라고 하면 편의점의 2배입니다.

어떤 지역에나 있고, 혼자서 슬쩍 들르는 곳이라면 다방도 있겠지만, 다방에서는 모두 조용히 신문이나 책을 읽고 있어서 그다지 교류할 수 없습니다. 다방이란 어느 쪽인가 하면 고독을 즐기는 장소이겠지요.

한편 스낵바는 교류의 장입니다. 특별하지 않은 대화를 지역 사람들과 나누는 장소입니다.

처음 들어가 본 가게라면 처음에는 조심조심할지도 모르지만, 주위의 대화를 듣고 있으면 '이 사람은 어떤 사람일까?' 상상해 보면서 조금씩 거리감을 줄여갑니다. 술이 얼큰해지면 이런 저런 속얘기도 털어놓으면서, 노래방 기계로 분위기도 즐기는 사이에 자연스럽게 교류가 형성됩니다. 단골들과 일 년에 몇 번, 버스 여행이나 바비큐 파티, 하룻밤 여행 등을 기획하는 스낵바도 있다고 합니다.

그런 중에 마음 맞는 사람을 만날 수도 있고, 친구가 될 수도 있습니다. 이 '가까운 곳'이라는 것이 중요합니다. 고독사 방지에 만약의 사태에 집으로 와주는 친구가 근처에 있다는 것보다 더 든든한 것은 없습니다.

저는 **스낵바라는 것이 어떤 의미에서는 일본의 귀중한 사회적 자원**이라고 생각합니다. 전국 방방곡곡 어디에도 있으며, 마음껏 마시고, 신나게 노래하고, 대충 2천~3천 엔 정도로 바가지가 없는 곳입니다.

매주 다녀도 그렇게 호주머니에 크게 문제 될 것은 없고, 매주 오는 단골이 갑자기 발길이 끊어지면 "그 사람 어떻게 된 거지?" 하고 여주인이나 다른 단골이 걱정하며 전화를 걸어 주기도 합니다. **주변의 단골 스낵바는 지역사회에서 이루어지는 하나의 교류의 장입니다.** 스낵바에 자주 다니면, 친구가 생기고, 고독사 위험을 감소시킬 수 있을지도 모릅니다.

지금 고령자를 위한 데이 서비스는 있지만, 야간 서비스는 거의 없습니다. 나이든 사람은 전부 밤에 잠만 자고 있다고 생각하면 큰 오산이며, 나이 들어서도 밤에 즐기는 게 좋습니다.

저녁을 먹고 텔레비전을 시청한 후에 자는 생활도 좋지만, 남자라면 한 달에 한 번 정도 스낵바에 가보면 어떨지?

어두워진 후에 스낵바에 가는 것은 나름대로 에너지가 필요합니다. 피곤하면 가고 싶지 않겠지요? 그래서 스낵바에 갈 수 있다는 것은 건강하다는 증거입니다. 참고로, 술을 마실 수 없어서 우롱차를 마시면서 노래 부르는 사람도 꽤 있습니다.

건강 유지에도 스낵바에 다니는 것은 좋은 일입니다. 사람들 앞에서 노래하는 것은 물론, 다른 사람의 노래를 듣거나, 가사를 생각하거나, 멜로디를 기억하는 두뇌 훈련도 됩니다. 이런 의미에서 노래방도 추천합니다. 아침부터 여는 가게도 있고, 가격도 밤보다 상당히 저렴합니다. '아침 샴푸'보다 '아침 가라오케'를 즐길 수 있는 것은, 노인층의 특권이지요. 2시간을 불러도 혼자서 1,000엔 이상 들지 않는 노래방도 많이 있습니다. 노래는 목을 단련하며 흡인성 폐렴 예방에도 도움이 됩니다.

그런데 스낵바 이야기로 다시 돌아온다면 가라오케 효과뿐만 아니라, 나이도 직업도 다양한 사람과 다른 문화적 교류를 하는 것도 두뇌 훈련이 됩니다. 노래방은 닫힌 세계이지만, 스낵바는 단골이 많으며, 어떤 사람이 올지, 어떤 이야기가 나올지 모릅니다. **'지금 이 장소를' 즐기는 것입니다.**

비유적으로 말하자면 미리 계획해 놓지 않은 나이트 케어 같은 것입니다. 개인적으로는 국가사업으로 스낵바를 더 충실하게 운영한다면 일본인 건강 수명 연장과 더불어 고독사도 줄어들지 않을까 생각합니다.

예를 들어, 스낵바에 방문 간호사를 파견하면 어떻겠습니까. 이동이 걱정스러운 사람은 데이 서비스처럼 데리러 가고, '최근 그 사람이 오지 않는군' 하고 걱정이 되면 방문 간호사가 보러 가는 등 말입니다(웃음).

또는 노인복지시설에도 스낵바를 열면 좋습니다. 어느 노인복지시설이나 소등 시간이 8시~9시인데 이는 좀 빠릅니다. 저녁 6시 정도에 전원을 끄는 곳도 있습니다. 그래서 '함께 방을 쓰는 사람이 잠들지 않는다', '한밤중에 깨어난다'라며 수면제 처방을 요청하는 일이 있습니다만, 너무 빨리 재우려는 것입니다.

노인복지시설에는 먹을 장소가 있으니까, 스낵바도 만들 수 있을 것입니다. 즐거운 공간이 있으면, 사람은 자연스럽게 모이게 되고, 노인복지시설에 스낵바를 열면 함께하는 사람도 직원도 즐길 수 있고, 지역과의 교류도 생겨 매우 좋다고 생각합니다만….

60세가 지나면, 남자는 직함과 자존심을 버리는 훈련을

계속해서 스낵바 이야기입니다만, 가끔 "나는 ○○회사의 전임원"이었다고 옛 직함을 들먹이며 "너는", "어이, 저기" 등등 잘난 척 과시적인 행동을 하는 사람을 볼 수 있습니다.

기나긴 직장인생 안에서 계속 직함을 방패로 살아왔기 때문에, 정년퇴직과 더불어 직함은 없어지고 그냥 '아저씨'가 되었지만, 좀처럼 그 방패를 놓을 수 없는 사람이 있습니다.

스낵바라는 곳에서는 '저는 원래 ○○'이었다는 직함은 아무런 의미가 없습니다.

과거 직함을 계속 가지고 있는 사람이라는 자존심이 높겠지만 이런 사람은 스낵바 같은 장소를 싫어합니다. 친구도 없습니다. 이웃과 교류하고 싶다는 생각은 있어도 즐겁게 지낼 수 없을 것이라고 생각합니다.

골프에도 매너가 있듯이, 스낵바에도 스낵바의 매너라고 할
수 있는 룰이 엄연히 있습니다. 회사 이름과 직함, 하물며 옛날
의 직함을 보란 듯이 내세우는 것은 매너가 아닙니다. 촌스러운
짓입니다. 저도 실은 인근 스낵바에 의사 신분을 숨기고 다닙니
다. 마시던 술에는 가명으로 써놓았습니다. 의사라는 것만으로
도 단순히 상대가 위축되거나 거리를 두기 때문에 침묵하는 것
이 본심을 말하게 합니다.

여담이지만, 외래 진료에서도 그 사람의 자존심을 다치는 경
우가 있습니다. 예를 들어 치매 환자의 초진은 본인에게 자각이
없는 경우가 많으므로, 우선은 천천히 세상 이야기를 하며 경계
심을 풀어주는 것으로부터 시작하지 않으면 안 됩니다. 상대의
자존심을 다치지 않도록 '깜박 잊음'이라는 말을 사용해도 혼날
수 있습니다. 무심코 '치매'라고 말해 버리면 큰일 납니다.

특히 힘든 사람은 의사나 교사입니다. 즉, '선생님'이라는 직
종입니다. 젊은 시절부터 '선생님' 소리에 익숙해 자존심이 높겠
지요. 저도 조심해야 합니다.

**"나를 누구라고 생각하는 거야!"라고 하는 남자는 남자도 여자
도 싫어합니다.**

정년퇴직 후, 그 시간부터의 인생은 초기화되기에 명함과 함
께 자존심도 버려야 합니다. 스낵바에서만 아니라 학원에서도

지역 봉사 활동에서도 프라이드가 높은 사람만큼 귀찮은 사람은 없습니다. 그리고 자존심이 높은 사람일수록 사실은 열등감에 시달리고 있는 경우가 많습니다. 두 번째 단계의 인생에서 새로운 인간관계를 만들고, 고독사를 방지하려면 불필요한 자존심도 열등감도 버리는 것이 좋습니다.

혼자 사는 생활이 걱정되면 야쿠르트를 주문해 먹자

여기에서 굳이 상품명을 쓰는 것은, 야쿠르트를 모르는 사람은 없을 것이기 때문입니다. 야쿠르트사가 만들고 있는 것은 유산균 음료입니다. 1935년에 판매가 시작됐다고 하니, 벌써 80년 이상의 역사를 지니고 있으며, 지금도 인기가 높습니다. 재택 환자 중에도 집에서 야쿠르트를 애용하는 사람이 꽤 많습니다.

야쿠르트의 장점이라면, 싸고, 유산균이 장내 플로러를 정돈해 주는 것도 있지만, 저는, 상품 자체 그 이상으로 '야쿠르트 아줌마'인 여성 담당자가 집에까지 와서, 건네주는 것이 훌륭하다고 생각합니다.

일반적으로 1주일분이나 2주일분을 한꺼번에 배달하기 때문에 일주일에 한 번 또는 격주로 방문합니다. 하지만, 지역에 따라 지방 자치 단체와 협력하여 '돌보기 활동'을 겸해 주 3회 또는 매일 방문하기도 합니다.

이런 '사랑의 방문 활동'은 1972년에 시작되었다고 합니다. 40년 이상 지속해오고 있는데, 한 명의 야쿠르트 아줌마가 자신이 담당하는 지역에서 독거노인이 누구에게도 발견되지 않고 사망한 것을 신문 기사로 알고 가슴 아파하며, 그 지역에 혼자 사는 노인들에게 자기 부담으로 야쿠르트를 제공하기 시작한 것이 계기가 되었다고 합니다. 얼마나 훌륭한 일입니까? **야쿠르트 아줌마야말로 지역 포괄 케어의 본보기입니다!** 감동적입니다.

이것이 지금은 150개소로 인근 지방자치단체로 퍼져, 3,500명이 넘는 야쿠르트 아줌마가 노인 가정을 방문하고 있다고 합니다.

혼자 사는 노인 집을 방문하여 야쿠르트를 배달하면서 현관에서 대화하며 변화가 없는지 살피거나 상대를 만나지 못하면 우편물이 쌓여 있는지 등을 확인합니다. 안부 확인이 되지 않을 때는 야쿠르트 영업소를 통해 자치 단체로 연락을 합니다. 이런 지킴이 활동을 지속적으로 실시하고 있습니다. 일부 지역에서는 야쿠르트 판매 회사와 경찰서가 협정을 맺고 있는 곳도 있다고 합니다.

또한, 공공 서비스인 방문 간호 보험 중에는 **'24시간 정기 순회·수시 대응형 방문 간병 간호'**라는 것이 있습니다. 이것은 밤낮을 가리지 않고 방문 간병과 방문 간호를 제공하며, 간병이 필요한 노인의 재택 생활을 도와주는 형식입니다. 하루에도 몇 차례씩 정기적인 방문이 이루어지고, 몸 상태가 급격히 나빠지거나 곤란한 일이 생기면 즉각적으로 대응해주므로 이용자에게는 든든한 서비스라고 생각됩니다.

저희 진료소에서도 혼자 사는 치매 노인이나 암환자 등 주시가 필요한 사람에 대해서는 24시간 정기 순회·수시 대응형 방문 간병 간호로 대응하고 있습니다만, 솔직히 자원봉사에 가깝습니다. 채산성이 매우 떨어집니다.

국가 차원에서는 이 서비스를 넓혀가고 싶겠지만, 사업소 측에게는 효율적으로 환자 집을 방문하지 않으면 채산성이 전혀 맞지 않기 때문에, 참여도 거의 늘지 않고 확산되지 못하는 것이 현실입니다.

이보다는 이미 전국에서 조직화 된 야쿠르트 아줌마 사랑의 방문 활동을 더 넓히는 것이 현실적이라고 생각합니다.

실제로 상태가 좋지 않아 집에서 쓰러져 있던 분을 야쿠르트 아줌마가 발견했다거나, 가스가 새는 것을 감지하거나 하는 일 등은 이미 많이 있었다고 합니다.

그래서 독신 남자는 **60세를 넘으면 야쿠르트 배달 계약을 맺는**

것이 어떨까요?

특히 혼자 사는 남성은 야쿠르트 아줌마가 정기적으로 집에 찾아와서 "안녕하세요!"라고 힘차게 인사해 주는 것만도 아주 좋은 일입니다. 야쿠르트 아줌마를 가끔 동네에서 볼 수 있는데 여러모로 쾌활하고 애교가 만점입니다.

'사랑의 방문 활동' 대상은 혼자 사는 65세 이상 또는 70세 이상 등, 지역에 따라 다르며, 이미 실시하고 있는 지역도 현재로서는 매우 한정되어 있습니다. 하지만 사랑의 방문 활동을 하지 않는 지역에서도 야쿠르트 배달을 주문하는 것은 가능합니다. 일주일에 한 번 보내 달라고 계약을 하면 매주 배달하러 와줍니다.

아무리 사이좋은 친구라도 '매주 ◎요일에 나 좀 보러 와줘!'라고 부탁하기는 어렵습니다. 하지만 야쿠르트 아줌마라면 매주 와줄 것입니다.

특히 매번 같은 담당자가 와주기 때문에 사이가 좋아지면 "만약 우편물이 쌓여 있으면, 노크해 주세요", "재택 의사 선생님에게 연락해 줄 수 있어요?" 하는 등의 부탁을 할 수도 있다고 생각합니다.

야쿠르트를 싫어하는 사람은 별로 없으므로 야쿠르트 아줌마는 혼자 사는 남성들의 강한 아군입니다!

진짜 부드럽고 친절한 여자는 분리수거 장소에 있다!?

'나는 고독을 좋아해. 그래서 결혼도 하지 않아. 마지막까지 집에서 혼자 살고 싶다'고 생각하더라도 노화가 진행되고 갑자기 체력이 저하되면 급작스럽게 외로워지거나 불안해지는 일도 있습니다.

혼자 사는 것이 불안해 지켜봐 줄 사람이 필요할 때, 옆에 있어 줄 수 있는 사람은 가까운 이웃입니다. 별로 친하지 않아도 부탁할 수 있는 사람은 부근에 있는 사람입니다.

연립 주택 같은 아파트 2층에서 혼자 사는 할아버지가 사망했을 때, 다음 날 아침 발견하고 바로 저에게 연락해 준 사람은 1층에 사는 지인인 할머니였습니다.

할아버지와 할머니는 부부도 아니고, 형제, 친척도 아닙니다. 친구라기보다는 단순히 이웃이라는 사이뿐입니다. 물론 남녀 관계도 없습니다.

할아버지는 평생 독신이었던 것 같고, 계속 혼자였다고 합니다. 친구가 부정기적으로 놀러 올 뿐이었습니다. 그런데 죽기 얼마 전부터 1층 할머니가 친절하게도 매일 와서 살펴봐 주었습니다.

그 할아버지는 말기 간암으로 입원과 퇴원을 반복한 후, 병원 주치의로부터 '이제 치료 효과가 없다'고 저에게 소개되었습니다. 점차 약해지고 있고, 재택 의료를 시작해서 3개월 정도 지났을 무렵에는 언제 돌아가셔도 이상하지 않을 상태가 되었습니다.

그래서 '혹시 집에서 돌아가실지도 모르기 때문에, 그때는 당황하지 말고 나가오 선생님에게 연락해 주세요'라고 미리 1층 할머니께 부탁드렸던 것입니다. 그리고 할머니는 그대로 해주셨습니다.

마지막까지 집에서 살고 싶다면 '혈연'보다는 '지연'이 중요합니다. 즉 이웃의 힘, 지역 공동체가 있으면 혼자서도 최후까지 살 수 있습니다.

하지만 무연고 사회인 지금, 앞에서의 할머니처럼 보살펴주는 착한 이웃이 얼마나 있을까요. 근처에 아는 사람이 전혀 없는 사람도 있을 것입니다.

그래서 스낵바나 지역 활동으로 친구를 만드는 것도 하나의 방법이지만, 그 밖에도 동네 분리수거장에서 자발적으로 청소하는 여성이 있다면 꼭 말을 걸어서 아는 사이가 되었으면 합니다.

'왜 분리수거장에서?' 생각할지도 모릅니다. 하지만 남성 호르몬과 여성 호르몬의 역전 현상이 일어나고, 남자 아줌마 여자 아저씨가 늘어나는 지금, 잘 돌봐줄, 여성스러운 여성은 거의 없습니다. 부근에서 어떻게 찾으면 좋을지 고민될 때, 의미 있는 곳이 분리수거장이라고 생각합니다.

모두가 사용하는 분리수거 장소를 자발적으로 청소하는 사람이라면 직장의 화장실 청소를 자발적으로 청소하는 것과 같습니다. 이런 사람이야말로 여성스러운 여성이라고 할까, 곤란한 사람을 보면 그냥 넘어가지 못하고, 손을 내미는 그런 모성이 있는 사람이라고 생각합니다. 그래서 이웃 중에서도 이런 사람과 좋은 관계를 맺어두면 안심이 됩니다.

처음에는 신경쓰이고 부끄러울지도 모르겠습니다만, 우선 "안녕하세요" 하는 인사로 시작해서 잡담도 나누며 더 아는 사이로 발전하면 좋을 것입니다. 그리고 사이좋게 되면 "나는 혼자 살아요", "무슨 일이 생기면 저 좀 도와주세요!" 하고 솔직하게 말해 둡니다.

특히 이런 여성은 대개 마을의 정보통입니다. 좋은 진료소나 돌팔이 의사 정보, 어느 약국을 추천할 수 있는지 등 인터넷으로 검색하는 것보다 훨씬 정확한 정보를 얻을 수 있을 것입니다.

부근에 교제하는 사람이 전혀 없고, 혼자 사는 노인이 누워만 있으면 아파트 관리인이 "할아버지, 몸이 너무 좋지 않으신 것 같은데 병원에 입원하는 게 좋지 않겠어요?" 하는 말을 듣게 됩니다. 그래서 미리 이웃을 자기편으로 해두는 것이 중요합니다.

저는 '서로 돕는 것'이야말로 인간 사회의 기본이라고 생각합니다.

마지막이 다가오면 약해지고 의료보다 중요한 것은 지켜봐 주는 것입니다.

누가 지켜봐 주는가? 바로 이웃입니다. 어느 정도 나이가 들면 이웃과 '같은 처지'라고 말할 수 있는 관계를 형성하면 좋겠습니다.

독신 시대 비장의 카드는 민생위원

일본에는 해당 지역을 지켜 주는 임무를 띤 사람도 있습니다. 민생위원입니다.

민생위원은 지역 주민의 상담에 응해주는 사람입니다 '후생노동 장관이 위촉한 비상근 지방 공무원'이라고 하지만, 기본적으로 무보수입니다. 즉 지역 복지에 종사하는 자원봉사자입니다. 1900년대부터 지속해 온 제도입니다. 저출산 고령화로 이웃 관계가 소원해지기 시작했기 때문에 앞으로 이런 **민생위원**의 활약이 더욱더 기대됩니다.

저의 환자 중에도 민생위원에 의지하면서 홀로 사는 사람이 몇 명 있습니다.

혼자 사는 재택 환자의 집에는 3채 지나서 사는 민생위원이 아침저녁 두 번 식사를 배달하며 계속 돌보고 있습니다. 최후에 발견해 줄 사람도 그 민생위원입니다.

민생위원은 지역마다 있습니다. 모른다면 이웃에게 물어보세요. 그래도 모른다면 관공서에서 알아보면 자세히 가르쳐줍니다.

바로 옆집은 아니고, 수백 미터 떨어진 곳에 사는 사람도 있지만, 담당 지역에서 어려운 이웃을 돌보는 것이 민생위원의 역할입니다.

후기 고령자로 나이가 들면 이웃이나 민생위원에게 사랑받는 사람이 되는 것이 절대적으로 이롭습니다. 특히 자비로 서비스를 이용할 수 있을 만큼 충분한 경제적 여유는 없고, 그렇다고 해서 생활 보장 서비스도 받지 못하는 중간층의 혼자 사는 사람일수록 이웃이나 민생위원이 도움이 됩니다.

그런데 벌써 10년 전의 이야기지만, 효고현(兵庫県) 이타미(伊丹) 시의 민생위원, 아동위원 연합회가 공비를 이용하여 민생위원과 아동위원(민생위원처럼 지역 어린이를 돌봐주는 사람)을 데리고 연수 목적으로 온천 여행 등에 가서 지역 신문에 비판 기사가 게재된 적이 있었습니다.

이 기사를 읽었을 때 '왜 이런 걸 기사화 하나' 싶은 생각이 들어서 신문사에 연락했습니다. 이타미 시에도 '사과할 필요 없다'는 메일과 편지를 보냈습니다.

앞에서도 언급했습니다만, 민생위원이란(아동위원도) 무보수 자원봉사자입니다. 자원봉사로 지역을 위해 활동하는 사람의 사기를 높이기 위해 온천으로 연수가도 좋다고 생각하지 않으시는지요? 온천을 즐기는 것 이외에도 '이런 사람을 발견하면 이렇게 합시다'라든가 '고독사를 방지하기 위해 어떻게 해야 좋을까요?' 등등 여행지에서 강사를 불러 공부 시간도 가지면 좋을 것입니다.

혼자 사는 고령자가 증가하는 지금, 민생위원의 역할은 매우 커지고 있습니다. 제가 사는 아마가사키 시에서도 민생위원이 이웃의 어려움을 잘 돌봐주고 있습니다. 말하자면 지역의 보물입니다. 민생위원은, 자원봉사로 자기 돈 들여가며 지역 사람들의 생활을 도와주고 있습니다. 더 소중히 여기지 않으면 안 된다고 생각합니다.

민생위원·아동위원이란?

여러분이 사는 지역에 민생위원·아동위원이라는 분들이 있다는 것을 알고 계십니까? '민생위원'은 민생위원법에 근거하여 후생노동 장관에게 위촉받은 비상근 지방 공무원입니다. 사회복지 증진을 위해 지역 주민의 관점에서 생활이나 복지 전반에 관하여 상담·지원 활동을 하며, 올해로 생긴 지 100년의 역사를 가진 제도입니다. 그리고 모든 민생위원은 아동복지법에 따라서 '아동위원'도 겸하고 있으며, 임신 중의 걱정이나 육아에 대한 불안, 등 다양한 상담과 지원 활동을 하고 있습니다. 핵가족화가 진행되고 지역 공동체와의 관계가 줄어드는 현대사회에서는 육아나 간병의 고민을 안고 있는 사람이나 장애인 혹은 고령자 등이 고립될 때 필요한 지원을 받을 수 없을 때도 있습니다. 그래서 민생위원·아동위원이 지역 주민의 친근한 상담 상대가 되어서, 지원을 필요로 하는 주민과 행정이나 전문 기관을 연결해주는 파이프 역할을 하고 있습니다. 그리고 위촉받은 민생위원·아동위원의 신분이나 조건은 다음과 같습니다.

신분: 별정직 지방 공무원(비상근)

보수 등: 자원봉사자로 활동하며 급여는 없음. 단지 필요한 교통비·통신비·연수 참가비 등 활동비(정액) 지급

임기: 3년. 연임도 가능함. 또한, 민생위원·아동위원이 활동 중에 알게 된 정보는 개인의 사생활에 들어갈 수 있으므로 기밀 유지 의무가 있음. 이 기밀유지는 위원 퇴임 후에도 계속 지켜야 함.

2017년 3월 현재 전국에서 약 23만 명의 민생위원·아동위원이 활동하고 있음.

만약 자녀로부터 동거를 권유받는다면?

떨어져 사는 자녀가 동거를 제안하면 어떻게 받아들여야 할지, 고민하는 사람이 많을 것으로 생각합니다.

"혼자 사시는 게 걱정되니까, 이쪽으로 와서 함께 살면 어때요?"

부모를 생각해서인 것 같지만, 반드시 그렇다고만은 할 수 없습니다.

나이가 들면 들수록 환경의 변화는 큰 스트레스입니다. 익숙하지 않은 먼 땅으로 이사하면 오히려 수명이 단축되는 경우가 있습니다.

최근 노인들의 우울증이 증가하고 있습니다. 친한 사람과의 사별이나 자신과 가까운 사람의 질병 등으로 인해 정든 집을 떠나는 것도 원인 가운데 하나입니다.

사람은 낮에는 활발하게 밖으로 이동하여 자극을 받는 것이 중요합니다. 하지만 잠자리는 같은 곳이 가장 좋습니다. 나이가 들면서 잠자리가 자주 바뀌면 단명하는 사람도 있습니다.

인간은 동물과 같이 귀소 본능이 있고, 집으로 돌아가면 침착해집니다.

하나의 예를 들어 보겠습니다. 그분은 오래된 아파트에 혼자 살다가, 도시의 단독주택에 살고 있는 장남이 동거를 제안했는데, 모처럼의 고마운 제안을 거절하기도 미안해서 자녀에게 의지하여 이사를 결심했다고 합니다.

주위에서 보면 '깨끗한 집에서 살게 되어 좋겠네', '착한 자녀가 있어서 좋겠어' 하고 생각할 것입니다. 그야말로 고독사를 하지 않고 지내게 된 경우입니다.

하지만 환경이라는 것은 본인이 편한지 어떤지에 의해서 좋고 나쁨이 결정됩니다. 오랜 세월 살아온 집은 오래되었어도, 불편해도, 세월을 보내는 동안 자신이 편리하게 느끼는 환경으로 만들어진 것입니다. 이것을 바꾸는 것이 그다지 좋은 것은 아닙니다.

비록 마지막 때에 가족에 둘러싸여 생을 마감한다 해도 그때까지 어떻게 살아야 하는지, 어떤 일상을 만들어 가고 싶은지가 더 중요하지 않을까요. 귀여운 손자도 가끔 본다면 사랑스럽지만 매일 얼굴을 마주하면 서로 싫증이 나겠지요.

생활은 환경으로 만들어지기 때문에 오래된, 익숙한 생활환경을 바꾸지 않는 것이 제일입니다. 저는 그렇게 생각합니다.

만약에 이 책을 혼자 사는 부모를 걱정하는 자녀가 읽고 있다면, 무엇보다 본인의 의사를 존중하는 것을 부탁하고 싶습니다. 이것이 가장 큰 효도입니다.

그러나 자주 연락을 주고받읍시다.

저에게 간호를 받던 80대 중반의 남성은 혼자 살면서 해외에서 살고 있는 두 명의 자녀들과 매일 밤 스카이프를 이용하여 대화하고 있었습니다. 실시간으로 얼굴을 보면서 이야기할 수 있으므로 물리적 거리가 떨어져 있어도 심리적 거리는 없어집니다.

저도 해외에 거주하는 자녀들과 돌봄 방침 등에 대해서 상담할 때는 **화상통화**로 대화를 합니다.

돈을 들이면서 국제 전화로 이야기하던 시절을 생각하면 IT 진보는 참 좋습니다. 그렇게 IT 도구를 활용해서 안부 확인을 하는 것과 안부 확인을 할 수 없는 경우, 재택 의료 및 방문 간호팀에 연락을 취할 수 있도록 연결해주는 것을 멀리 사는 가족에게 부탁하고 싶습니다.

연애의 두근거림이 있다면 고독사하기 어렵다

지금, 드라마나 영화 주역은 젊은 사람들만 있습니다. 연애 드라마, 애정 영화에서는 더욱더 젊은 배우들만 등장하는 이야 기입니다. 연애는 젊은이의 것으로 생각하기 쉽지만, 그런 일은 없습니다.

나이가 몇 살이 되어도 설레는 마음이 중요합니다. 구라모토 소오(倉本聰) 씨가 각본을 쓴 드라마 『편안한 시골』(2017)이 크게 성공한 것은 고령자의 사랑과 두근거림을 아름답고 품위 있게 표현한 수작이어서입니다.

젊은 사람의 연애가 생식이 목적이라면 노인의 연애는 안티에이징 그 자체입니다. 면역력을 높여주고 질병을 막아주며, 상대를 생각하는 상상력을 만들어주고, 뇌를 기분 좋게 자극해줍니다. 상대로부터 결혼을 강요당하거나 고민할 일도 없겠지요.

그리고 무엇보다 사람은 보람이 없으면 살아갈 수 없습니다.

연애는 바로 삶의 보람입니다.

'그를 생각하면 즐거워진다'든지, **'내일 그 사람을 만난다고 생각하니 기대가 된다'**는 등 이런 작은 희망, 즐거움을 느끼고 사는 것이 중요합니다.

이성과의 연애가 아니라도 좋습니다. 친구들과 단순한 친분도 좋지만 '이 사람과 이야기를 하고 있으면 즐겁고', '만나는 것이 즐거운' 사람이 있는 것은 사는 보람이 됩니다.

최근 안티 에이징이 아닌 **'엔조이 에이징'**이라는 말이 자주 사용되고 있습니다. 안티 에이징은 직역하면 '항노화'로 늙거나 노화에 대항한다는 의미지만, 엔조이 에이징은 나이를 먹는 것을 즐긴다는 의미입니다.

몇 살이 되어도 연애나 '연애 같은 것'을 기대하는 설레는 마음을 갖는 것이 바로 엔조이 에이징이 아닐까요. 노인복지시설에서도 같은 이용자 가운데 좋아하는 사람이 있는 할아버지, 할머니는 바로 알아볼 수 있습니다. 마치 고등학생 커플이 방과후에 만나듯, 거실에서 좋아하는 사람이 오기를 기다리는 표정은 바로 소년, 소녀 그 자체입니다. **사랑하면 남성은 남성 호르몬인 테스토스테론이 여성은 여성 호르몬인 에스트로겐이 많이 분비**

되는 것을 알 수 있습니다.

언제까지나 젊디젊은 예능인은 역시 이 설렘을 잊지 않았으리라고 생각합니다. 예를 들어, 미노몬타(みのもんた) 씨는 '밤의 제왕'이라고 불렸습니다. 긴자의 고급 클럽을 하룻밤에 몇 곳이나 다닌 것은 유명한 이야기입니다. 대단한 체력이라고 생각합니다. 클럽이라는 장소는 사교장입니다. 고급스러운 가게에서, 향수를 뿌리고 예쁘게 차려입은 여성들을 상대로, 대화로 만족시키지 않으면 안 되므로 설렘을 느끼는 것과 동시에, 상당한 피로도 느낄 것이라고 생각합니다. 그런데 **하룻밤에도 몇 곳이나 장소를 바꿔가며 술을 마시니,** 얼마나 터프해야 하며 머리가 깨어 있어야 하는지, 멍청하면 클럽에 갈 수도 없을 것 같습니다.

그래서 평소에는 스낵바에서 시시한 대화를 즐기고, 가끔은 고급 클럽 같은 긴장감 있는 곳에 몸을 맡겨 시달려 보는 것도 좋다고 생각합니다.

저도 평소에는 스낵바에나 갈 뿐이지만, 몇 년에 한 번은 선배랑 고급 클럽에 갈 때도 있습니다. 갈 때마다 '좋네!'가 절반, '무섭네!'가 절반의 느낌입니다. 익숙하지 않은 환경에 몸을 맡기고 '클럽에 다니는 손님'으로 연기합니다. 미노몬타 씨도 '미노몬타'라는 호쾌한 인물을 연기하고 있는 것은 아닐까요.

이런 긴장감 있는 비일상의 시간을 가끔 가져보는 것도, 약간의 활기가 생기고, 심신에도 좋은 자극을 줍니다.

무엇보다 미노몬타 씨에 관해서 말한다면, 오랜 세월 함께 했던 부인을 먼저 보냈기 때문에 긴자에 가지 않는다면 그야말로 고독사하지 않을까 걱정입니다.

하루 10명과 대화하며 살자!

나이를 먹으면 좀처럼 타인에게 말을 걸기가 어렵습니다.

그리고 말을 걸 기회도 없어집니다. 그냥 그대로 있으면 정말 사회에서 고립되고 점점 외로워지고 고독해집니다.

피트니스 클럽을 들여다보면 어디에나 고령의 여성뿐입니다. 보고 있으면 고령의 여성들은 아는 사람끼리 온 것 같고, 인사를 주고받거나 즐거운 듯이 이야기하기도 합니다. 하지만 남성들은 모두 혼자 있습니다. 혼자 와서 묵묵히 운동만 하고 있습니다. 그냥, 어쩌다 젊은 체력관리 언니에게 말을 걸고 있는 할아버지를 볼 수 있을 뿐입니다. 말을 거는 행위는 고독사 방지 관점에서도 아주 중요합니다.

편의점 점원이라도, 산책하며 마주치는 사람에게라도 '안녕'

이라든가 '고마워요' 혹은 '바둑이가 귀엽네요'라며 무심한 한 마디라도 좋으니, 말을 걸어 봅시다. 그런 약간의 교류가 약간 긍정적인 기분이 들게 해서 하루를 지내는 방식이 바뀌는 것입니다. 만약 삶에 여유가 있다면 개를 길러 보는 것도 추천합니다. 개를 산책시키기 위해 매일 밖으로 나가면 자연스럽게 걷는 습관도 생기고, 산책하면서 다른 개 주인과 교류도 할 수 있기 때문에, 하루에 10명씩 대화하는 것은 순식간에 이루어집니다. 그러나 지금부터 강아지를 기른다면 자신이 먼저 죽을 것 같아서 책임질 수 없다고 생각한다면, 유기견 보호소 등에서 충분히 성장한 개를 분양받아 봅시다. 버려진 개의 생명도 구하고, 그 개 덕분에 당신의 생명도 연장되는 건 좋은 일이라고 생각합니다.

하루에 열 명, 만일 열 명이 어려우면, 다섯 명이라도 인사를 나누는 정도만이라도 누군가와 접촉하면 좋겠습니다.

불교에서는 불필요한 욕심을 내려놓으라고 합니다.

하지만 완전히 무욕의 상태에서, 사람과 이야기하고 싶다, 누군가와 만나고 싶다, 어디론가 가고 싶다는 마음도 없어지면, 우울증이 될 것입니다. 그렇다고 해서 욕심을 부리는 일을 해서는 안 될 것입니다. '스낵바가 교류의 장'이라고 해서 매일 밤 출근한다면 돈이 없어지거나 알코올 중독자가 될 것입니다. 그래서 **'적당하게'나 '중용'을 염두에 두면** 좋을 것입니다.

천천히 이웃과 사귀면서, 혼자 즐긴다.

이런 일상을 보낼 수 있다면, 자신의 인생을 살면서 고독사를 피하게 될 것입니다.

'고립사' 연간 1만 7,000명 넘어

19개 도현과 도쿄 23개 구 요미우리신문 조사

「요미우리신문」 2017년 10월 29일 조간에서

작년 1년간 누구의 간호도 받지 못한 채 자택에서 죽은 혼자 사는 사람의 숫자에 대해서, 요미우리신문이 전국 47개 도도부현 경찰과 도쿄도 감찰의 무원을 상대로 취재한 결과, 19개 도현과 도쿄 23개 구에서 약 17,000명에 이르는 것으로 밝혀졌다.

이러한 '고립사'*에 대한 통계는 종래의 특정 자치단체만의 수치나 민간 연구기관에 의한 추계치 밖에 없었고, 공적 기관이 파악한 실제 숫자가 일정 규모로 밝혀진 것은 처음으로 보인다.

'고립사'의 법적 정의는 없고, 국가에 의한 전국 규모의 조사도 실시되지

---

*고립사 : 자택에서 누구에게도 간호 받지 못한 채 죽은 경우를 가리키는 것이 많다. 명확한 정의는 없고, 시신 발견까지의 기간이나 자살을 포함할지 어떨지의 점에서는 지방자치단체 사이의 차이가 있다. '고독사'를 쓰는 예도 있지만, '고독'이라는 말에는 주관적인 의미가 강하고, '고인의 심정을 판단하는 것이 어렵다'는 지적도 있다. 여러 사람이 고립 상태에서 죽는 경우도 있으므로, 후생노동성은 '고립사'를 쓰고 있다.

않았다. 요미우리신문은 이번 기회에 이번 도쿄 23개 구에서 일어난 사례 조사, 분석을 오랫동안 실시해 온 동 의무원의 정의를 참조하여, '자택에서 사망한, 경찰이 검시 등에 관여한 독거자(타살, 자살은 제외)'를 고립사로 정의하고 그 인원수를 전국 47개 도도부현의 경찰 본부에 확인하였다.

이에 대해서, 가나가와(神奈川), 시즈오카(静岡), 나라(奈良), 와카야마(和歌山), 오카야마(岡山), 가가와(香川) 등 19개의 도현 경찰로부터 수치의 회답을 받고, 이에 동 의무원이 파악하고 있던 도쿄 23개 구를 합산했다. 다른 현의 경찰 등에서는 통계 취합 방법의 차이 등을 이유로 조건에 맞는 숫자를 얻을 수 없었다.

합산 결과, 작년 1년간에 19개의 도현과 도쿄 23개 구에서 고립사한 사람은 합계 17,433명(돗토리(鳥取), 히로시마(広島), 야마구치(山口) 각 현은 경찰이 대략적인 숫자로 회답)으로, 65세 이상이 70퍼센트를 넘었으며 12,745명을 차지했다. 이런 지역에서 사망한 전체 숫자에 대해 차지하는 고립사 수의 비율은, 30명당 1명으로 약 3.5퍼센트 정도이며, 가장 높았던 것은 도쿄 23개 구(5.58퍼센트), 낮았던 곳은 사가현(佐賀県)(2.12퍼센트)이다.

19개의 도현과 도쿄 23개 구에서의 전체 사망자 수는 전국의 약 38퍼센트를 차지하며, 이를 근거로 지난해 1년간 전국에서 고립사자 숫자를 단순 계산으로 본다면 약 46,000명이 된다.

또한, 2012년 이후 고립사자 수를 파악할 수 있는 도쿄 23개 구와 가나가와, 시즈오카, 이와테(岩手)의 각 현에서 연도별 추이를 보면 16년 합계 인원 수는 12년부터 총 639명(약 8퍼센트)이 늘었다.

동 의무원의 자료를 바탕으로 도쿄 23개 구에서 작년에 고립사한 사람의 경향을 보면, 성별로는 남성이 70퍼센트를 차지한다. 가장 많았던 연령대는 남성이 65~69세(약 19퍼센트), 여성은 85세 이상(약 29퍼센트)이었다. 사인은 전체의 약 절반이 허혈성 심질환 등 순환기 질환으로 대부분 돌연사한 것

19개 도현과 도쿄 23개 구의 '고립사' (2016년)

	인원수	사망자가 차지하는 비율(퍼센트)
도쿄 23개구	4,287	5.58
가나가와현(神奈川県)	2,947	3.80
홋카이도(北海道)	2,155	3.48
시즈오카현(静岡県)	1,019	2.59
히로시마현(広島県)	1,000	3.33
미야기현(宮城県)	772	3.29
군마현(群馬県)	646	2.91
오카야마현(岡山県)	638	2.96
야마구치현(山口県)	630	3.43
이와테현(岩手県)	409	2.41
가가와현(香川県)	362	3.03
나라현(奈良県)	361	2.56
고치현(高知県)	354	3.43
와카야마현(和歌山県)	335	2.65
시가현(滋賀県)	298	2.38
야마나시현(山梨県)	286	2.29
도야마현(富山県)	275	2.13
도쿠시마현(徳島県)	262	2.65
사가현(佐賀県)	207	2.12
돗토리현(鳥取県)	190	2.58
19개 도현·도쿄 23개 구 합계	17,433	3.49

※ 히로시마, 야마구치, 돗토리 각 현의 '고립사' 인원수는 개략적인 수치임.
　사망자 수는 작년의 후생노동성 '인구 동태 통계'에 근거함.

으로 보인다.

고립사의 실태를 잘 아는 일본복지대의 사이토 마사시게(斉藤雅茂) 교수 (사회복지학)는 "공적인 숫자를 바탕으로 한 규모나 경향이 밝혀졌다는 의의는 크다. 고립사한 사람의 많은 경우는 주위에 도와줄 사람이 없거나, 방문 간호 등에 대한 정보를 얻는 기회를 잃었거나 했을 가능성이 크다. 정책의 전제로서 국가에 의한 전국적인 실태 파악이 필요하다"고 했다.

해부대에 놓이지 않기 위해

할 수 있는 것은?

니시오 하지메(西尾元)

X

나가오 가즈히로(長尾和宏)

소득 격차, 학력 격차, 지역 격차, 건강 격차……, 여러 가지 격차가 있습니다만, 이 책을 위해 대담해주시는 효고 의과대학·법의해부의이신 니시오 하지메* 선생님은 '사체에도 격차가 있다'고 말씀하십니다.

저는 살아있는 사람을, 니시오 선생님은 죽은 사람을 보는 의사입니다.

니시오 선생님은 『시체 격차-해부대 위의 '목소리 없는 소리'로

***니시오 하지메** : 1962년 오사카부에서 태어남. 효고 의과대학 법의학 강좌 주임 교수, 법의해부의, 가가와 의과대학 의학부 졸업 후, 동 대학원, 오사카 의과대학 법의학 교실을 거쳐, 2009년부터 현직에서 활동하고 있다. 효고현 한신 지역의 6개 시와 1개 마을 법의해부를 담당하고 있다. 돌연사에 관한 논문을 비롯하여 법의학 현장에서 임상의학 접근도 행하고 있다. 저서 『시체 격차-해부대 위의 '목소리 없는 소리'로부터』가 큰 반향을 불러일으키고 있다.

부터』(2017)라는 책의 저자이며, 2017년 가을 제가 고베(神戸)에서 개최한 심포지엄「독거노인의 재택 간호는 어디까지 가능한가」의 강연자 중 한 분으로 출연해서 완전히 의기투합했습니다.

죽음은 반드시 누구에게나 찾아오는 것입니다. 그러나 죽음은 평등하지 않습니다.

'고급 주택가에서 고독사는 거의 나오지 않는다'고 니시오 선생님은 말합니다. 한편, 저의 진료소가 있는 아마가사키 같은 변두리에서는 엄청나게 나온다고 합니다. 경제 격차가 시체 격차까지 낳는다는 것은 매우 슬픈 현실입니다. 그리고 또 하나의 격차가 성차(性差)입니다. 니시오 선생님은 '고독사 대부분이 남성'이라고 확언합니다.

제가 알 수 없는 남자의 고독사 이면을 배우고 싶어서 이 책 출판에 앞서 대담을 부탁드린 것입니다. 살아있는 인간을 진찰하는 의사와 죽은 인간을 진단하는 의사에 의한 '고독사' 대담입니다.

법의해부의라는 직업

나가오   우선 니시오 선생님 자기소개를 부탁드립니다.

니시오   예. 저는 오사카 출신으로, 당시 가가와 현에 신설된 가가와 의과대학에 입학했습니다. 4기생입니다. 졸업하고 바로 법의학 분야에서 일한 것은 아닙니다. 대학에 있을 때부터 꽤 괴짜였습니다(웃음). 너무 연구하고 싶어서 견딜 수가 없었습니다. 그래서 가가와 대학을 나온 뒤 유학을 떠났습니다. 귀국했을 때는 자리가 없어서……, 그래서 오사카 의과대학의 법의학부를 소개받은 것이 이 일을 시작하게 된 계기가 되었습니다. 그때부터 20여 년 법의학 한길만 팠고 지금은 효고 의과대학에서 근무하고 있습니다.

나가오 법의학을 시작하기 전까지는 보통의 임상의였습니까?

니시오 대학을 졸업하고 1년간은 내과 병원에서 연수했고, 후에 그 병원에서 주 1회 정도만 근무했습니다. 일하면서 기초계 대학원에 다니면서 연구만 하고 있었습니다.

나가오 사망 진단서를 써 본 적은 있습니까?

니시오 연수 시절에 아마도 2~3통 정도일 거예요.

나가오 지금 니시오 선생님이 기록하는 것은 시체 검안서죠?

니시오 그러네요. 실제 해부와는 별도로, 지금까지 3,000통쯤 썼습니다.

나가오 저는 임상의로서 지금까지 대략 2,000통 이상의 사망 진단서를 써왔습니다. 지금, 니시오 선생님은 거의 매일 시체를 해부하고 있습니까?

니시오 매일 해부가 있는 경우도 있지만, 일주일에 단 한 건도 없을 수도 있습니다.

나가오 그러니까, 니시오 선생님의 업무 환경은 항상 '대기' 상태군요. 해부 요청은 경찰로부터 연락이 오나요?

니시오 그렇지요. 대학에 따라서는 대응 방법이 다르다고 생각합니다. 하지만, 경찰서에는 검시관이라는 업무를 담당하는 사람이 해부가 필요한지 아닌지를 판단하므로, 그 검시관에게서 연락이 옵니다. 경찰이 현장에서 시체를 보고 해부가 필요하다고 판단하면 과학수사연구소를 통하는 것이 통상적인 흐름입니다. 저희는 현장으로부터 어떤 상황의 시체가 있는지를 직접 이메일로 보고받게 되어 있습니다. 해부 필요성이 없다고 판단되면 경찰의*가 현장으로 출동합니다. 그래서 그 자리에서 시체

---

*경찰의 : 경찰 수사에 협조하는 의사로서, 주로 검안으로 사인 불명의 사체를 조사하고, 사인을 의학적으로 판단하는 업무를 시행한다. 사인을 확인하고 이상이 확인되지 않을 때는 시체 검안서를 작성한다. 경찰의가 평상시에 경찰서에 상주하고 있는 것은 아니다. 경찰서가 있는 지역의 내과 또는 외과 전문의 중에서 선정한다. 그리고 유치장에 구금된 용의자의 건강 진단 등을 수행할 때도 있다.

검안서를 발급하는 것으로 알고 있습니다.

나가오 선생님 자신은 경찰의는 아니시군요?

니시오 다릅니다. 그래서 저는 죽어 있는 사람을 현장에서 본 경우가 없습니다. 제 직업은 경찰에서 해부를 부탁하면 시체를 해부하는 것입니다.

나가오 지금 선생님과 같은 직함의 의사는 전국에 몇 분 정도 계실까요?

니시오 법의학위원회의 승인을 받은 의사는 전국에서 150명 정도입니다. 사실 저는 제1차 인정의 시험에 합격한 사람입니다. 하지만 그때의 응시자 수는 겨우 3명이었고, 지금도 응시자는 매년 몇 명 정도라고 생각합니다.

나가오 되고 싶어 하는 사람이 적은가요?

니시오 그렇지요, 좀처럼 되고 싶지 않은 모양입니다…….

나가오 59세의 임상의인 제가 지금부터 법의학위원회의 인정 의사가 되고 싶다고 생각해서 응시하면 시험에 통과할 수 있을까요?

니시오 상당히 공부하지 않으면 어렵겠지요. 현장에 가서 무엇을 해야 할지도 모를 테니까요(웃음). 제가 하는 것은 임상과는 전혀 다른 것입니다. 사인을 단정 짓는 것으로 끝나는 것이 아닙니다.

나가오 경험을 쌓지 않으면 좀처럼 되기 어렵겠군요.

니시오 저도 그렇게 생각합니다. 제가 인정 시험을 볼 때가 대학을 졸업한 뒤 8년이나 지났기 때문에 힘들었습니다. 그러나 다행인지 불행인지 오사카 의대에는 해부 건수가 많았기 때문에 여러 가지 사인의 해부 경험을 단시간에 얻을 수 있었습니다. 대학에 따라 해부건수가 연간 30구라는 곳도 있는데, 오사카 의대는 연간 120구 정도의 해부가 있었으니까요. 역시 많이 하면 공부는 됩니다. 4~5년 생각한다면 어떻게든 할 수 있다고 생각합니다. 다만, 법의해부에서 사인을 결정할 때는 육안으로 하는 것도 중요합니다. 병리처럼 현미경으로 봐야만 알 수 있는 것은 아닙니다. 해부해서 육안으로 봤을 때 사인은 대체로 결말이 나죠. 이런 의미에서 익숙해지면 재미는 있습니다.

나가오 우선 시신이 해부실로 오면, 몸 전체를 샅샅이 훑어보겠죠?

니시오 그렇습니다. 우선 떨어진 곳에서 먼저 봅니다. 해부대에 가까이 가서 보면 전신 인상을 파악하기가 어렵습니다. 그러므로 사인에 따라 다르지만, 법의해부 중 한 가지의 목적은 범죄 유무를 조사해야 하는 것입니다.

나가오 범죄에 연루된 시신인가 아닌가라는 것이겠군요.

니시오 예, 그렇습니다. 일본에서 가장 많은 살해 수단은 목을 조르는 것입니다. 목 졸림을 당했을 때 어떤 소견이 있는지가 법의학에서는 상당히 중요합니다. 이때 가장 가치가 높은 진단이 압박한 흔적이 있는지 없는지 하는 것입니다. 그래서 먼저 사체가 옮겨져 오면, 목 주변을 자주 봅니다. 하지만 예를 들어 뺑소니 교통사고를 당한 경우, 이것도 범죄로 이루어진 죽음이므로 해부 대상이 되지만…, 이런 경우에는 전신에 상처가 여러 곳일 때가 많지만, 이것을 일일이 보는 것은 별로 의미가 없습니다. 우선 거리를 둔 채 사체를 보고, '몸의 어디 부근에 상처가 있는가?', '상처의 분포가 어떻게 되어 있는가?', '몸의 오른쪽 또는 왼쪽 중 어느 쪽이 상처가 많은가?', '손상기전'이라고 합니다만, 어떻게 부딪혔는가 하는 사고 상황을 생각하는 데 필요한 포인트를 살피며 진행합니다.

나가오 해부해서 사인이 판명되었을 때는, 역시 기분이 좋습니까?

니시오 해부를 시작할 때는 몰랐던 것을 해부하면서 실제로 이렇게 죽은 것이 아닌가 하며 알게 될 때가 있습니다. 얼마 전에도 폭포 아래에서 사망한 사람이 실려 왔습니다. 머리 앞부분의 두개골이 골절되어 있었습니다. 해부하면서 보니 등 갈비뼈가 심하게 부러져 있었습니다. 그리고 등 갈비뼈 골절 부위에 출혈이 많았습니다.

출혈이 있다는 것은 부러졌을 때는 살아있었다는 것입니다. 그러나 두개골 골절 부위에는 대부분 출혈이 없었습니다. 결국, 이 사람의 경우 죽은 후에 두개골이 골절됐다는 것으로 추측됩니다. 두개골 골절은 높은 곳에서 떨어져 생긴 것이라는 사실은 금방 알 수 있습니다만, 갈비뼈 골절과 머리 앞부분의 골절이 동시에 생겼다고 생각하기는 어렵습니다. 이런 것을 추측하면서 해부를 진행해 나갔습니다.

결국, 이 사람은 두 번 떨어졌다는 것을 알게 되었습니다. 첫 번째로 떨어졌을 때 등 갈비뼈를 부딪쳤고 이후 한 번 떨어져(사망한 후에) 두개골을 부딪친 것입니다. 확인해보니 그 폭포는 확실히 두 번 부딪칠 것 같은 곳이 있었습니다. 이런 것을 깨달았을 때, 머릿속이 후련해진다고 할까 하는 일의 만족감이 있습니다.

나가오 해부하면서 추리를 하는 것이군요. 하지만 의사라고 해도 인간이기 때문에 감정이입을 하는 경우가 당연히 생기겠지요?

니시오 예, 그렇지요. 그래서 될 수 있는 한 개별 사정이나 증상에 대하여 사사로이 깊이 파고들지 않도록 하고 있습니다. 지나치게 각각의 사정을 알게 되면 괴로워질 수 있을 테니까요.

나가오 해부를 하면서 불쌍해서 눈물이 날 것 같은 경험은 있었나요?

니시오 있지요. 어린이가 사망한 경우 등이지요.

고독사의 정의가 불가능한 이유

나가오 그렇군요. 그럼, 이제 본론으로 들어갔겠습니다. 오늘은 '고독사'에 대해 듣고 싶습니다. 고독사한 사람이 경찰에게 신고되고 그래서 해부하는 것은 어느 정도의 비율입니까?

니시오 '고독사'의 정의가 명확하지 않습니다만, 제가 해부하는 사람의 절반 정도는 혼자 사는 사람입니다.

나가오 덧붙여서, 후생노동성은 '고독사'가 아니라 '고립사'라는 단어를 사용하라고 말하고 있습니다. 선생님은 어떻게 생각하십니까. 시민의 감각으로는 '고독사'가 알기 쉽다고 생각합니다만.

니시오 이건 개인적인 인상입니다만, '고독'이라는 말을 쓰면 부정적인 느낌이 드나요? 즉, 혼자 사는 것이 '고독'하고 불쌍하다든가 하는.

혼자 사는 것은 어떤 나쁜 것도 아닙니다. '고독'했다고 한정 지을 수도 없습니다.

가족과 동거하는 사람이라도 스트레스를 느끼게 하는 상대와 사는 것 때문에, 혈압이 올라 뇌출혈로 사망하는 사람도 세상에 많다고 생각합니다. 그래서 혼자 사는 사람 생활이 스트레스가 없으며, 장수하는 사람도 있다고 생각합니다.

고독사라는 단어가 세상에 범람하고 있지만, 혼자 생활하다 사망했기 때문에 해부된 것이라고 설명한다면, '고립된 죽음'이라는 뉘앙스 쪽이 마이너스 이미지가 적어서 좋다고 생각합니다.

나가오 물론, 고독이라는 말을 차별적으로 느끼는 사람도 있을지 모르겠군요. 오사카·고베의 도시 자료에서 재택사

중에서 경찰이 개입하는 경우가 절반입니다. 도쿄도는 60퍼센트입니다. 2017년 10월 요미우리신문 조사에 따르면 전국에 17,000명이 고립사하고 있다고 합니다.

다만 경찰 개입사≒고립사가 아니라, 경찰 개입사 가운데 단지 몇 퍼센트만 고립사입니다. 경찰 개입사가 100건 있다면 선생님에게 오는 경우가 열 건, 그중 다섯 건이 고립사라는 느낌인가요?

니시오 그렇겠군요. 누군가와 동거하고 있다면 사후 하루 이내에 발견되는 경우가 많습니다. 그러나 비록 동거는 하고 있더라도 가족이 일하고 있거나 밖에 있거나 하는 동안에는 온종일 혼자 있습니다. 즉 거의 혼자 사는 것과 같은 상태인 사람도 있지요. 그래도 그 사람은 혼자 사는 사람으로 취급되지 않기 때문에 고립사로 취급되지는 않겠지요.

나가오 그런 배경이 있으므로 국가에서 고립사를 정식화할 수 없는 것이겠지요. 앞서 요미우리신문의 17,000명이 고립사하고 있다는 기사는, 니시오 선생님처럼 법의학 선생님의 눈에 들어온 사람 수가 17,000명이라는 것이겠지요.

니시오 그렇다는 뜻이겠지요.

나가오 선생님이 진단하는 고립사의 남녀 비율은 어느 정도입니까?

니시오 제가 있는 시설에는 남성이 7, 여성이 3이지요. 이건 도쿄도 감찰의의 보고서와도 거의 같습니다. 연령층은 남녀 비교해보지 않아서 모르겠습니다만.

나가오 도쿄 보고서를 보면, 남성이 젊습니다. 여성은 80세 정도이며, 남자는 그보다 10세 정도 젊은 60대에서 70대가 많지요.

니시오 남성의 경우 50~60대로 혼자 살게 되면 고립사하기 쉽게 됩니다. 혼자가 되었을 때 생활력은, 역시 여성 쪽이 우수하다고 생각합니다. 청소나 요리 등 일상생활에 관해서 말입니다. 최근 남성도 그런 것을 부지런히 하는 사람이 증가하고 있습니다만, 생활력이 전반적으로 떨어지는 사람이 많아서…….

나가오 부인에게 늘 모든 식사를 맡겨온 사람이 혼자 살게 되면 갑자기 영양 상태가 나빠지거나 하지요. 알코올도 큰 위험 요인의 하나입니다.

니시오 그렇지요. 알코올 의존증인 사람은 일정한 숫자가 해부대로 옮겨지고 있습니다. 대부분이 남성이지요.

나가오 돌아가신 분들이 생전에 술을 마시고 있었는지 아닌지는 경찰 쪽에서 보고가 있나요? 술병이 굴러다니고 있었다든가.

니시오 저는 돌아가신 분들의 생활 형태에 관심이 있으므로 술을 마시는 사람인지, 마시지 않는 사람인지, 혼자 사는 사람인지, 어떤지 등을 경찰에게 물어서 기록하고 있습니다. 또한, 실제로 죽은 사람의 혈중알코올농도를 측정하고 있습니다. 남녀 차이까지 데이터를 만들지는 않았지만 대체로 해부된 사람의 30퍼센트 정도에서 알코올이 검출되고 있습니다.

나가오 살아있는 사람에게서의 혈중알코올농도는 시간이 경과함에 따라서 낮아집니다. 하지만 죽어 버렸다면……?

니시오 알코올은 간에서 대사됩니다. 사망한 경우에는 대사가 그 시점에서 정지하기 때문에 혈중알코올농도는 고정되어 변하지 않습니다.

나가오 알코올 의존증으로 갑자기 사망했다는 것은 아마도 술을 마시고 부정맥이 나왔다는 것이겠지요. 직접적으로는 부정맥으로 죽었다는 것입니까?

니시오 부정맥으로 사망한 건지 아닌지는 해부해서 정지된 심장을 아무리 봐도 전혀 알 수 없습니다. 소화관 출혈로 사망한 사람이 많다고 생각합니다.

나가오 아! 식도 정맥류나 위궤양으로부터 확 출혈한 경우에는 해부해도 알 수 있습니다. 그대로 쇼크사해 버린 경우입니다.

오늘 주제는 남자의 고독사이지만, 제가 담당하는 재택의료 환자 가운데 혼자 사는 분들은 대부분 여성임을 깨달았습니다. 아니, 노인복지시설에서도 진료소의 외래에서도 대부분이 여성 환자입니다. 남성은 어디로 간 건가? 정말 신기할 정도입니다.

니시오 남자는 집에 틀어박혀 버립니다. 여성은 밖으로 나가거나 친구를 사귀거나 하는 일을 참 잘하더군요. 저도 가끔 문화 센터 등으로 강연을 하러 가는데, 여성 참가자가 많고 남성은 좀처럼 나오지 않더군요. 필요한 의료도 받지 않고, 그저 혼자서 가만히 있는 사람이 많다고 생각합니다.

나가오　남자가 혼자 사는 경우, 관계하려고 시도해도 거부한다고나 할까요, '그냥 내버려 둬!'라고 말합니다. 생활 보호 관계자도 방문해서 이런 말을 들으면서까지 억지로 집에 들어갈 수는 없지요. 사회복지사가 방문하면 '나가!'로 끝나버립니다. 이런 경우 살짝 생존 확인만 하고 돌아가게 됩니다. 이것도 한 달에 한 번 정도니까, 결과적으로는 선생님이 계신 곳의 해부대 신세를 지게 되는……. 그래서 남성에게 고립사가 많은 것은 어쩔 수 없다고 생각합니다. 수컷의 특성인가 봐요. 혼자 활동하고, 어울리지 못하고, 소통하는 것도 서툴러요. 수컷과 암컷은 이렇게 다른 것인가 하는 생각이 듭니다. 더구나 남성이 여성보다 수명은 짧은 데다 고독사하기 쉽다니, 불쌍하군요.

니시오　생활이 황폐해져서 사망하는 것은 대부분 남자입니다. 생활 보호를 신청할 수 있는 상태에서도 그것조차 하지 않습니다. 여성은 그런 사람이 거의 없습니다.

나가오　생활 보호를 받을 수 있는데 받지 않고 고독사하다니, 그거 참으로 국가로서는 편리한 죽음입니다.

니시오　생활 보호를 수급하는 사람에 대하여 제대로 생각하지 않는 사람도 있는 것 같습니다만, 우리가 보는 사람은 경제적으로도 좋지 않고, 사회로부터도 고립된 사람이 많습니다.

나가오 의료비는 사용하지 않겠다, 방문 간호 비용도 사용하지 않겠다, 생활 보호도 신청하지 않겠다, 국가에 전혀 피해를 주지 않겠다는……. 고독사가 좋아서 하는 경우는 없겠지만 확실히 선생님이 말씀하신 것처럼 깨끗하게, 어떤 의미에서는, 대단히 좋은 죽는 방법이 아닐까 생각하게 됩니다. 고령의 여성 환자는 자주 '죽고 싶지만 데리러 오지 않아요'라고 말합니다. 하지만 남성이 그런 식으로 말하는 사람은 거의 없습니다. 그리고 동사하는 사람도 많다고 선생님의 책에 쓰여 있었습니다만.

도시에서도 동사하는 사람이 있다

니시오 혼자 살면서 동사하는 일이 도시지역에서도 몇 명이나 있습니다. 가스도 전기도 끊겨 동사하는 사람도 있지만, 경제적으로 곤란하지 않아도 심근경색이나 뇌경색이 되었을 때 혼자 사니까 도움을 청하지 못하고, 난방 기구가 있어도 의식이 없어서 켜지 못하고 동사하는 일도 있습니다.

나가오 그것 참 원통한 동사군요. 아니면 반쯤은 원해서 한 동사라고도 할 수 있겠지요? 자기도 어쩔 수 없다고 생각하면서 서서히, 죽어가는 자기를 굳이 방치하는 것 아닐까요. 그런 상태에서 동사한 사람도 있나요?

니시오 저희는 동사 여부의 사인을 결정하는 일에 집중하기 때문에 그런 배경까지는 추구하지 않습니다. 가치관의 문제라고나 할까, 혼자서 죽을 위험성이 있는데도 굳이 그렇게 살아가겠다고 생각할까, 역시 그러한 죽음이 싫다고 여기는 것은 사람에 따라 다르다고 생각합니다.

나가오 고독사 대부분은 온화한 죽음이라고 할 수 있습니다. 병원에서 튜브 인간이 되는 일도 없고, 몸부림치며 고통스럽게 돌아가신 것도 아니죠. 사람에 따라서는 1~2시간 겪었을지도 모르지만, 며칠 동안 고생하는 것은 아닙니다. 평온한 죽음이라고 생각한다면 평온사지요.

니시오 어떨까요. 단지 죽은 다음에 해부 당하는 것이 괜찮을지 아닐지 정말 미묘하군요. 죽은 다음 자신의 몸에 수술칼을 넣는 것은 일반적으로 별로 원하지 않겠지요.

나가오 절대로 싫어요. 저는 관속에 들어가는 것이 취미예요. 몇 년 전, 대만에서도 들어갔었습니다. 마음이 불편하다고 말들 하지만, 아무렇지도 않게 생각합니다. 저항도 없습니다.

하지만 해부대에 놓이는 것은 피하고 싶어요. 관에는 100퍼센트 사람이 들어가지만, 해부대에는 모두가 놓이는 것은 아니잖아요. 저는 장래에 해부대에 놓이지 않아도 되는 방법을 생각하지 않으면 안 된다고 마음먹고 있습니다.

니시오 정도의 문제겠지만, 해부대에 올려지지 않고 지나가는 생활 방식은 있습니다. 해부 여부는 경찰이 결정할 일이지만, 어느 정도는 해부되지 않는 상황이 되도록 조심해서 열심히 살 수는 있지요.

나가오 애당초, 해부한다는 것은 해부대에 놓이는 것, 그렇다고 잘라 말할 수는 없겠지요?

니시오 같은 말입니다. 해부대에 올려진다면 반드시 잘릴 테니까요. 수술칼이 들어오지 않는 것은 백골이 된 사람뿐, 수술칼이 들어오는 것이 싫다면 백골이 되기 전까지 정말 노력하지 않으면(웃음)…….

나가오 그런 사체도 올라가는 것입니까. 인간인지 어떤지 모르는 경우에도…?

니시오 가끔은 있어요. 경찰에서 연락이 오죠, 강에서 뼈가 발견됐다고요. 사람의 백골인지 아닌지를 모르는 경우죠, 그래서 '봐 달라'고 하는 것입니다. 개중에는 한 번에 200개 정도를 가져왔던 일도 있었습니다. 강을 전부 뒤진 것이죠. 그래서 관심이 있었고 싫어해야 할 이유도 없었으니까요. 인간의 뼈인지는 알 수 있습니다. 대개는 사람이 아닙니다.

나가오 무슨 뼈였나요?

니시오 아마도 돼지였던 것으로 기억합니다. 돼지인지 멧돼지인지, 물론 그것은 사법해부는 되지 않습니다. 인수감별이라고 하지요. 지금은 DNA를 살펴보면 금방 사람인지 아닌지를 알 수 있지요.

해부대에 놓이지 않기 위해 할 수 있는 것

나가오 그렇다면 고립사가 많아졌다는 인상은 있습니까?

니시오 혼자 사는 사람의 죽음이 많아지고 있습니다.

나가오 해부대에 놓이지 않는 비결을 말해 주셨으면 합니다만.

니시오 혼자 사는 것은 좋든 싫든 관계없이 그렇게 살게 될 가능성이 있으므로, 그렇게 되었다고 해도 사회 누군가와 접촉하는 것이 중요하다고 생각합니다. 과거에는 가족이나 친구에게 기댈 수 있었다고 생각합니다만, 요즈음은 그렇게 하기 어려워진 사람도 있지요. 담당 공무원이나 인근에 마음이 맞는 재택 의료 의사 선생님을 찾아둔다던가요. 하지만 나가오 선생님, 선생님은 해부대에 오를 것 같은 생각이 듭니다. 고립사할 것 같아요.

나가오 어? 어? 왜 그렇게 생각하셨나요?

니시오 음, 왠지 선생님, 술을 좋아하시죠? 그런 느낌이 듭니다.

나가오 술 냄새가 나나요?

니시오 아니오, 분위기로는 고립사할 것 같은 냄새가 납니다. 그리고 매우 적극적으로 활동을 하고 계시지요? 돌연사할 정도로요.

나가오 돌연사하면 해부대에 놓이나요?

니시오 그렇습니다. 돌연사라는 것은, 지금까지 건강했던 사람이 갑작스럽게 죽는 것이지요. 그래서 이유를 모르는 것입니다.

나가오 예를 들어 제가 오늘 집에 돌아가지 않고 술을 마시고, 그 근처의 호텔에 묵고 갑자기 숨진다면, 호텔에서 경찰로, 경찰에서 선생님에게로 연락이 갈 수 있습니까?

니시오 그렇습니다. 그런 식이지요.

나가오 결국 고립사가 양극화하고 있는 같군요. 아까도 말했지만 자기 방임처럼 천천히 죽어가는 할아버지와 매우 활동적으로 건강하게 일하다가, 노상이나 호텔에서 갑자기 죽으면, 저처럼 매우 건강한 사람에게도 위험이 있다는 거군요.

니시오 그렇습니다. 건강하다고 해부되지 않는 것도 아니죠.

나가오 고령자가 목욕 중에 죽는 경우가 늘어나고 있는데, 이것도 해부 대상 아닌가요?

니시오 경찰 대응에 따라서 다릅니다만, 목욕할 때 죽었다면 범죄성이 부정되는 일이 많아요. 해부해서 익사라든지 질병이라든지 확인하는 것은 좋겠지만, 경찰이 어디까지 할 것인가가 관건입니다. 감찰의는 현장에 자주 간다고 생각하지만, 저희에게는 그리 많이 오지 않습니다.

나가오 저도 목욕 중에 죽은 경우를 가끔 보았습니다. 대가족과 함께 있어도 알아채지 못한 채 목욕 중에 죽지요. 아무리 봐도(사건이 아닌) 익사지만 급성 심부전이라고 씁니다. 익사라고는 쓰지 않습니다. 불쌍하기 때문이지요. 이 정도는 의사의 재량 아닐까 생각합니다. 그리고 대가족 안에서 할아버지가 혼자 아침 목욕탕에서 죽었다고 하면 고독사도 고립사도 아니지만, 물이 차가워질 때까지 누구도 눈치채지 못하지요. 가정 내 이혼이란 말이 있을 정도로 넓은 집에서 따로 생활하다가 혼자서 조용히 죽는 것은 있을 수 있는 이야기입니다. 그런데 선생님은 해부대 위의 사람을 안아주고 싶은 감정을 느낀 경험이 있습니까?

니시오 불쌍하다는 생각 같은 것…… 없네요. 그런 장소가 아닙니다. 해부대에 올려졌다는 것은 이제 그런 단계가 아닙니다. 하지만 어린이가 오면 그런 기분이 들 때도 있습니다.

나가오 그리고 시신을 자르고 있으면 무섭다는 생각은 없나요?

니시오 이상하게도 전혀 두렵지 않습니다. 이미 죽어 있으므로 안심하고 자르고 있습니다. 제가 하는 일에 의해서 생명에 위협이 따르는, 그런 일은 없으니까요. 그리고 시체

가 오래되었거나, 손상되었다거나 하는 이유로 싫다고
생각한 적도 없습니다.

나가오 죽은 사람의 끔찍한 냄새가 있겠지요? 마스크를 착용하
거나 코를 막거나 해서 막나요?

니시오 일단 감염을 방지하지 않으면 안 되기 때문에 감염 대응
용 N95 마스크를 씁니다. 그래도 냄새는 납니다. 그렇지
만 그래서 불쌍하다는 마음은 생기지 않습니다. 오랜 경
험으로 익숙해져 버렸을지도 모르지만, 시신을 내버려
두면 부패한다는 것은 자연 현상입니다. 세균이 활동하
고 있으므로 부패하는 것입니다. 오히려 시간이 지났음
에도 불구하고 시체의 모양이 크게 변하지 않는 경우가
기분 나쁩니다.

나가오 저는 가끔 강연회에서 '9상도(九相圖)'라는 불교 그림을
슬라이드로 소개합니다. 시체가 어떻게 썩어 가는지를
9단계로 그린 것으로, 참 잘 그린 그림입니다. 옛날 사람
은 그림을 이용하여 죽음을 학습하고 있었습니다. 게다
가 9상도의 모델은 미인이 많습니다. 분명히, '어떤 미인
이라도 결국은 이렇게 되어 버린다'는 것을 젊은 승려에
게 가르침으로써 잡념을 떨치게 하려는 의도도 있었던

것 같습니다.

 하지만 현대인이 그 그림을 보면 충격을 받을 것입니다. 사람이 썩어가는 것이라니, 아무도 본 적이 없을 테니까요. 여성 쪽이 흥미진진하게 봅니다.

니시오 제가 쓴 『시체 격차』도 젊은 여성에게서 관심을 받고 있습니다. 법의학에 관심을 나타내는 것도 여성이 많은 것 같네요.

나가오 남자는 겁먹겠지요.

니시오 남성 독자에게는 무서운 책이라는 감상이 일정하게 있습니다. 그렇지만 여성에게 그런 사람은 없습니다. 그리고는 80세 이상인 분이 읽으면, 남의 일 같지 않게 딱한 느낌이 든다고 합니다. 그래서 저도 너무 강하게 추천하지는 않습니다. 70대 정도로, 부모 세대의 죽음과 겹쳐서 보는 세대라면, 자기 죽음이 아직 멀었다고 생각하기 때문인지 제법 객관적으로 읽는다고 생각하지만요.

나가오 그러나 사실은 그 세대 남성이 가장 먼저 읽어야 할 것 같은데요. 그럼 마지막으로, 선생님, 일단 고독사라 하겠습니다만, 고독사를 한마디로 말하면 무엇입니까?

니시오 혼자 살면서 죽는 것을 원하지 않던 사람이 혼자 죽어버리는 것이겠지요.

나가오 고독사는 불행입니까?

니시오 고독하게 죽고 싶지 않다고 생각하던 사람이 고독하게 죽어버리는 것은 좋지 않다고 생각합니다. 불행하다고 생각합니다. 하지만 혼자 죽는 것이 좋다고 여기는 사람이 혼자 죽는 것은 글쎄요, 별로 문제가 없다고 생각합니다. 혼자 죽기를 원하지 않는 사람은 사회가 무엇인가를 해주었으면 합니다. 혼자 죽는 일이 없도록 주변 사람이 돌보거나 행정적인 방지책을 세우지 않는다면.

나가오 저는요, 죽음은 모두 고독사라고 생각합니다. 두 사람이 동반 자살을 하지 않는 한, 모두 고독사라고 생각합니다. 아무리 사이좋은 부부라고 해도 함께 갈 수는 없습니다. 죽음은, 기본적으로 고독입니다. 그러나 솔직히 해부대 위에 놓이기는 싫습니다. 싫다는 마음의 정체가 도대체 무엇인지 지금도 계속 생각하고 있지만……. 멀리 돌아가지 않고 사라지는, 재가 되어 없어지고 싶습니다. 썩는다는 것이 사람에게 수고나 폐를 끼치는 것 같다는 생각이 들어 그건 싫다는 것이, 자신의 어딘가에 들어 있는 것 같다는 생각이 듭니다. 각자 죽음에 관해서는 다른 생각을 하고 있겠지만. 지금까지 죽기 전의 일은 실컷 논의해 왔지만, 죽은 다음 일은 이야기한 적이 없었으므로 오늘 신선했습니다. 감사합니다.

니시오 감사합니다.

2017년 11월 아마가사키 시에서 녹음

죽을 때는 혼자,
그러나 죽은 뒤에도 혼자라면 슬픈 일이다

이 책을 읽어 주신 분들께 감사드립니다. 무어라 말할 수 없는 한숨 소리가 들려오는 것 같습니다. 어쨌든 남자는 슬픈 동물이지요. 수명은 짧고, 고독사하기 쉬우니 말입니다. 저에게 외래로 오는 환자도, 재택 환자도, 강연회에 오는 분도 70퍼센트가 모두 여성입니다. 하지만 고독사의 70퍼센트는 남성입니다. 여성들 대부분은 집이나 시설에서 누군가 돌봐주는 가운데 평온사합니다. 반면에 남성은 몰래 고독사하는…… 그런가요?!

그러나 '고독사가 뭐가 잘못이야. 문제가 될 것 없잖아' 하는 소리도 들립니다.

물론 과잉 진료나 방문 간호도 받지 않고 최후를 맞이해 국가에 공헌하는 훌륭한 분에게는 훈장을 드리고 싶을 때도 있습니다. 원래 죽을 때는 모두가 '혼자'입니다. 둘이 같이 죽으려고 생각한다면, 비행기 사고 등 불의의 사고 또는 동반 자살 정도밖에 없을 것입니다.

병원에서도, 시설에서도, 대가족 안에서도, 누구에게도 돌봄을 받지 못한 채 혼자 죽어가는 사람은 얼마든지 있습니다. 관리 받고 있을 것이라고 여겨지는 시설에서도 돌연사합니다. 정말 '잠자듯이 죽는' 것이기 때문에 어떤 의미에서는 이상적일지도 모릅니다. 우연히 죽는 순간에 아무도 없었다는 것뿐입니다.

그러나 죽은 이후 며칠이 지난 뒤에 발견되면 구급대→경찰→감찰의→해부의의 순서로 한차례 일을 치러야 하고, 방치된 기간이 길수록 부패가 진행되거나 백골화 되기도 합니다. 그래서 주변 사람의 기억 속에는 '저 사람은 고독사했다'는 슬픈 감정이 남게 됩니다.

'죽은 다음이니까 아무래도 좋다'는 사람도 있겠지만, 그러나 '역시 싫어! 깨끗한 채로 죽고 싶다'고 말하는 사람도 있을 것입니다.

장시간 방치되는 고독사는 저 역시 싫습니다. 외롭습니다. 니시오 선생님에 의하면 그 가능성이 크다고 했지만 어떻게든 피하고 싶습니다.

이 책은 고독사를 정면으로 바라본 책입니다. 도시 지역에서 재택사의 절반이 고독사라는 사실이 현실임에도 우리는 절반의 재택 간호에만 신경을 쓰고 있었고, 나머지 절반은 보려고 하지 않았기 때문에 모르는 척해 왔습니다. 하지만 고독사는 전국 각지에서 해마다 증가하고 있으며, 절대 무시할 수 없는 숫자입니다.

정부가 재택 간호에 대해서 말하고 있지만, 이것만으로는 충분하지 않습니다. 나머지 절반의 고독사에도 눈길을 돌리지 않으면 안 됩니다.

앞으로의 의료직·방문 간호 업무는 '마을 만들기'라고 합니다. 저는 이것이 '치매가 걸려서도 돌아다닐 수 있는 마을 만들기' 그리고 '고독사를 만들지 않는 마을 만들기'라고 생각합니다. 그러나 이는 시민과 행정적 지원뿐만 아니라 정보 통신 기술 등의 힘을 결집하지 않으면 진전되기 어렵습니다. 이를 위해 '고독사의 경향과 대책'을 드러낸 것이 이 책입니다.

한편 이 책과 동시에 발간된 『아픈 재택의사』는 재택 의료의 부정적인 측면을 의사의 입장에서 처음으로 쓴 책입니다. 둘 다 밝은 책은 아닙니다.

그러나 이제는 미담으로만 '간호'나 '재택 의료'를 논하는 시대가 아닙니다.

저는 겉으로만 깨끗한 척하는 것은 싫습니다. 부정적인 측면까지도 직면해야 진정한 희망이 보인다고 믿습니다.

아무쪼록 재택 의료와 병행해서 고독사를 막는 마을을 우리 같이 만들어갑시다. 이것이 마지막까지 정든 마을에서 사는 진짜 의미 있는 일이라고 생각합니다.

2017년 12월 나가오 가즈히로

감사의 말

대담을 해주신 니시오 하지메 선생님께
진심으로 감사드립니다.